超図解!

[改訂新版]

新規事業立ち上げ入門

木下雄介
KINOSHITA YUSUKE

幻冬舎
MC

改訂新版発刊にあたって

2017年4月に初版を発刊してから5年の月日が経過しました。おかげさまで読者の皆さまから「全項目図表入りで入門書として最適」「7つのステップで事業計画書作成プロセスがスムーズに腹落ちした」等多くのうれしいフィードバックをいただきました。一方この間、世の中はVUCA（Volatility〈変動性〉・Uncertainty〈不確実性〉・Complexity〈複雑性〉・Ambiguity〈曖昧性〉）と呼ばれる将来予測がますます困難な時代に突入してきています。

なかでも2年半前に発生し現在も進行中の新型コロナウイルス感染症は、私たちの社会生活や経済を根底から覆すほどの変化をもたらしました。通常であれば何年もかかる変化（オンライン会議やペーパーレス決済の普及、ワクチンの開発等）をわずか数カ月で強制的に実現させてしまったのです。さらにそれは企業側に対してDX（デジタル・トランスフォーメーション）を踏まえたビジネスモデル再構築ならびに新たな経営の柱としての新規事業の立ち上げを待ったなしで迫っています。

ここで経済面に目を移すと、日本の最大の課題は30年続くデフレからの脱却です。その負のスパイラルの根本にあるのは「上がらない給料」であり、それは日本の雇用制度に起因しています。長らく日本は終身雇用、年功序列に基づく「メンバーシップ型雇用」制度を採用し、人材の流動化や産業の新陳代謝をブロックしてきました。しかし少子高齢化や産業のサービス化、AI化が進行する成熟化した現代において、明らかにそれは機能不全を起こしています。実際に近年、日立やソニー、富士通、資生堂をはじめ、各従業員の成果に基づく「ジョブ型雇用」制度へ移行する企業も増えています。これは「働き方」において、主体が「企業」から「個人」へと比重が移る時代の大きなトレンドを象徴しているようにも思えます。

一方、政治においては昨年10月に発足した岸田内閣が「新しい資本主義」の成長戦略のなかで「スタートアップ・エコシステムの構築」を掲げ、起業家の輩出を推進する政策を打ち出そうとしています。また最近の起業に関する新しい動きとしては、Z世代（1990年後半～2000年代生まれ）と呼ばれる若者の間で「起業ブーム」が起きていることです。ユニークなのは彼らの起業理由です。従来の世俗的な起業理由である「お金持ちになりたい」「自分の力を試したい」「有名になりたい」等とは異なり（もちろん多少はそれもあるでしょうが）、注目すべきはSDGsに対応した社会貢献が主な理由になっている点です。Z世代は直感的に迫りくる地球規模の危機を感じ取っているのかもしれません。

次に最新テクノロジーが私たちのライフスタイル、ワークスタイルに与える影響についてみてみると、近年はGAFAM（Google、Amazon、Facebook〈社名をMetaに変更〉、Apple、Microsoft）と呼ばれるプラットフォーマーをはじめ新たなデジタル・ディスラプターが続々と登場し、インターネット上で利用できるあらゆるサービスを無償もしくはサブスクリプション（定額課金）サービスで提供しており、スマホ１台あればほとんどやりたいことはなんでも実現できる環境にあります。かつては株式会社を設立するのに資本金が1000万円必要でしたが今では資本金１円でも設立可能になっており、アイデアさえあればあなたも明日から起業できる時代が到来しているのです。以前に比べずいぶん起業のハードルは下がってきているわけです。

政治・経済・社会・テクノロジーのマクロ的視点からPEST

分析の手法を用いて、私たちが現在置かれている環境を俯瞰し、そこから導かれる結論としてはここ数年で新たなパラダイムシフト(ニューノーマルへの移行)が起こり、その状況の中で今まさに新規事業開発や起業が必要とされ、それを実行に移す絶好のチャンスも同時に到来しているということです。

それゆえ私自身もこれらの最新トピックスについての追加説明を盛り込む使命感にかられ、改訂新版という形で内容を大幅にリニューアルすることを決意した次第です。

具体的には、初版で好評であった７つのステップで新規事業計画書を作成していく基本的な枠組みとコンテンツは残しつつ、以下の２つの追加内容を盛り込みました。

① 新たなトピックス（VUCA、メタバース、新発想法、デザインシンキング、フェルミ推定、資金計画、ジョブ型雇用等）を補充

② 読者が具体的企業における適用例を理解したうえで知識の定着を図れるように各ステップの後にケーススタディを追加、トライコーナーもアップデート

ケーススタディは過去５年間、私が改訂前の本書をテキストとしてビジネススクールで「新規事業開発」講座を担当し、ワークショップの中で生徒のフィードバックから得られた知見も加味して作成したものです。

最後になりますが、リニューアルした本書が皆様の新規事業開発プロジェクトもしくは起業を考える際の一助となれば、著者としてこれに勝る喜びはありません。

2022年５月吉日

木下雄介

はじめに

最近、巷では「新規事業開発の進め方」「新規事業を成功させる」等のタイトルを掲げたセミナーが各所で頻繁に開かれており、新規事業に対するビジネスパーソンの関心の高さが窺えます。ちなみに中小企業庁が近年発表した調査によれば、企業の規模を問わず新規事業展開を行った企業ほど売上や経常利益、雇用者数が増加しており、その重要性は明らかです。

新規事業への取り組みが求められる背景にあるのは、日本企業が目下直面している巨大な“パラダイムシフト”の波です。

情報技術が急速に発展しグローバル化が進んだ現在、日本そして世界はかつてない変動の渦に巻き込まれています。まず世界情勢において、民主国家（アメリカをはじめとする西側諸国）と統制国家（中国、ロシア等）の間の覇権争いがエスカレートしてきています。具体的には、台湾・ウイグル問題やウクライナ問題など地政学的リスクが高まっています。また、グローバリゼーションと格差社会の進展に対する反動として、イギリスではブレグジット（EUからの離脱）が起こり、アメリカではトランプ共和党とバイデン民主党の対立が深まっています。一方テクノロジー面に目を移すと、AIやロボット、IoT等による劇的なイノベーションによって従来の仕事の半分が消失するといわれており、組織のあり方や働き方そのものが根本から覆されるような事態が起こりつつあります。

こうした大きな変化の中で人々の消費トレンドも「所有」から「利用」へ、「モノ」消費から「コト」消費へと根本から大きく変わり始めています。そのうえ日本企業は少子高齢化に伴う国内市場の縮小やアジア新興国企業の台頭、世界金融市場の激動にさらされ、従来のビジネスだけでは立ち行かなくなっているのです。

未曾有の“地殻変動”が起きている経営環境で企業が生き残

るためには、過去の成功体験を捨ててビジネスモデルを再構築し、新たな収益の源泉として新規事業に取り組むことが不可欠なのです。

しかしその一方で、初めて新規事業プロジェクトを一任された責任者や担当者の多くは「どういった手順で進めればよいのか」「失敗しないためには何に気をつけるべきか」と日々頭を抱えています。新規事業の立ち上げは「1000に３つしか成功しない」「９割は失敗する」とささやかれるほど難しいものであり、会社の中で従前の仕事に従事してきた人にとっては何から始めればいいのかわからないほど未知の仕事なのです。

私は、これまでのビジネス人生で数多くの新規事業プロジェクト、スタートアップ企業の立ち上げにかかわってきました。最初に入社した日本IBMでは、初期の営業時代に中堅・中小企業の開発営業部隊に配属され、もがき苦しみながらも常に新たなアイデアで独自の「勝ちパターン」を編み出し、５年連続でトップクラスの成績を維持することができました。その後、自ら社内公募に応募して「会計コンサルティング会社」に出向し、ジョイント・ベンチャー・プロジェクトを立ち上げた結果ビジネスを軌道に乗せることに成功しました。

さらにその後、SFA（営業支援システム）のパイオニア企業であった日本シーベルに創業メンバーとして参加し、西日本エリアの責任者としてビジネスを全くのゼロから開拓しました。またタレントマネジメントのグローバル・リーディング・カンパニーであるサクセスファクターズの日本法人を創業社長として立ち上げ、新たな市場を切り拓きました。現在はそうした経験を活かし、新規事業立ち上げを中心にコンサルティング活動を行っています。

そんな私のこれまで積み重ねてきた知識やノウハウを、悩んでいる責任者・担当者に向けてわかりやすく実践的で、日々活用できる「ハンドブック」として提供したい——そんな思いから本書を執筆することを決意しました。

本書は理論から実践までを7つのステップで構成し、それぞれ新規事業の立ち上げに必要なポイントを解説しています。新しい事業アイデアを生み出すためのノウハウからSWOT分析、5F分析、4P戦略などのマーケティング手法、さらには新しいビジネスメソッドとして広く活用されているビジネスモデルキャンバスによる活用事例紹介や実践的なプロジェクトの進め方まで、新規事業を始めるうえで最低限必要となる要素はひととおり網羅しています。さらに「トライ」というコーナーを設け、会話形式で内容を掘り下げています。また図解をふんだんに用いて、全く知識がない人でもすんなりと学ぶことができるよう配慮しました。

本書がこれから新規事業に取り組むことを検討されている皆様のささやかな一助となれば、著者としてこれにまさる喜びはありません。

もくじ

プロローグ
新規事業の意義を考える

1 パラダイムシフト

今、日本と世界は大きなパラダイムの転換期に直面しています。

まず、いちばん大きなきっかけは「新型コロナウイルス感染症」といって間違いありません。なぜなら、従来であれば10年かかる社会生活、経済活動の変化を好むと好まざるにかかわらず、わずか数カ月でもたらしたからです。

次に政治面に目を移すと、民主国家と統制国家が対立し、覇権争いがますますエスカレートしてきています。統制国家の代表である中国は、彼らの覇権拡大思想である「一帯一路構想」を推し進め、香港・台湾、ウイグル問題でアメリカをはじめとする民主国家と対立を深めています。また、ロシアはヨーロッパ・アメリカとの間でのウクライナ侵攻問題で一触即発の危機的状況にあります。こういった分断は国家間だけでなく、たとえばアメリカ国内問題に象徴されるように人種や思想・信条、経済格差にかかわる分断にも広がり、世界中で巻き起こっています（P13図表参照）。

さらに、日本国内ではもう1つ別の形の経済、社会の変動がもたらされています。まず経済面では、人口減少により国内市場が縮小し続ける中で大手企業が活発にM&Aを行うなど製造業、金融業、小売業など幅広い分野で産業の再編が進んでいます。また、社会面では少子高齢化社会の進展に伴い、個人のライフスタイル、ワークスタイルにも大きな変化が生まれつつあります。100歳まで生きることを前提とした人生戦略・キャリア戦略を考えることを促す書籍（『ライフ・シフト』）がベストセラーになったことも、その1つの象徴的な表れといえるかもしれません。

[パラダイムシフト]

今、起きている地殻変動

1．**政治の変化**
米中覇権争い、ブレグジット、香港・台湾問題、中東情勢、ウクライナ侵攻問題、ナショナリズムの台頭、拡大するポピュリズム

2．**経済の変化**
グローバリゼーション、国内市場縮小、産業の再編、ジョブ型雇用へのシフト

3．**社会の変化**
格差社会、
少子高齢化社会の進展、
ライフスタイル・ワークスタイルの変化、
新型コロナ問題、気候変動問題

4．**テクノロジーの変化**
AI, ROBOT, IoT, BIG DATA, CLOUD, SOCIAL, 5G, BLOCKCHAIN, M-RNA……

↓

パラダイムシフト

- **シェアリング・エコノミーへ**
- **「モノ」消費から「コト」消費へ**
- **キャッシュレス社会へ**
- **非接触・デジタル化社会へ**
- **脱炭素社会へ**

[VUCAを加速させる世界情勢]

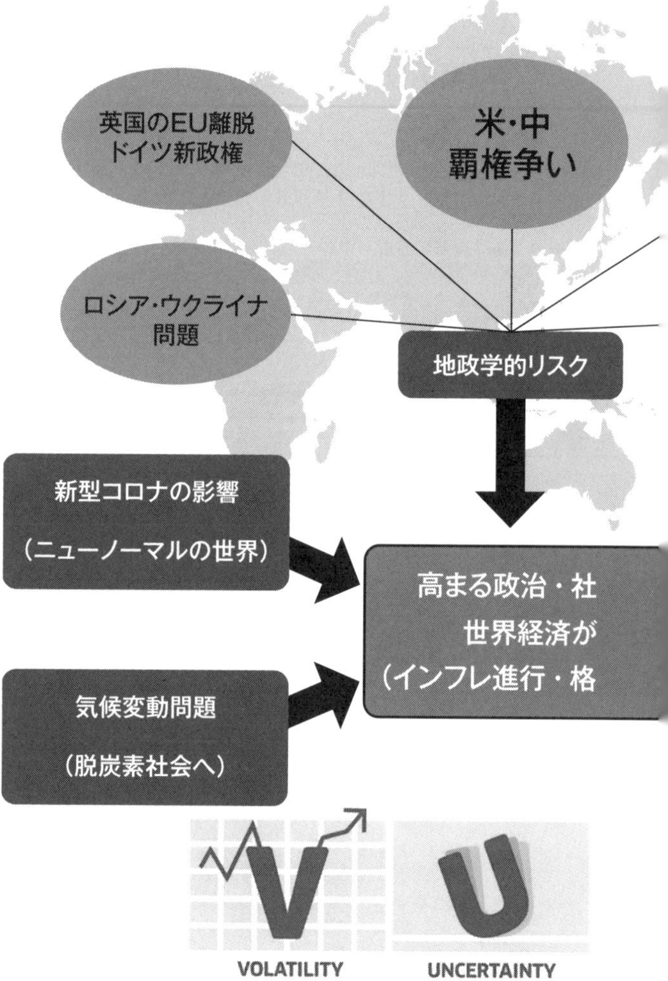

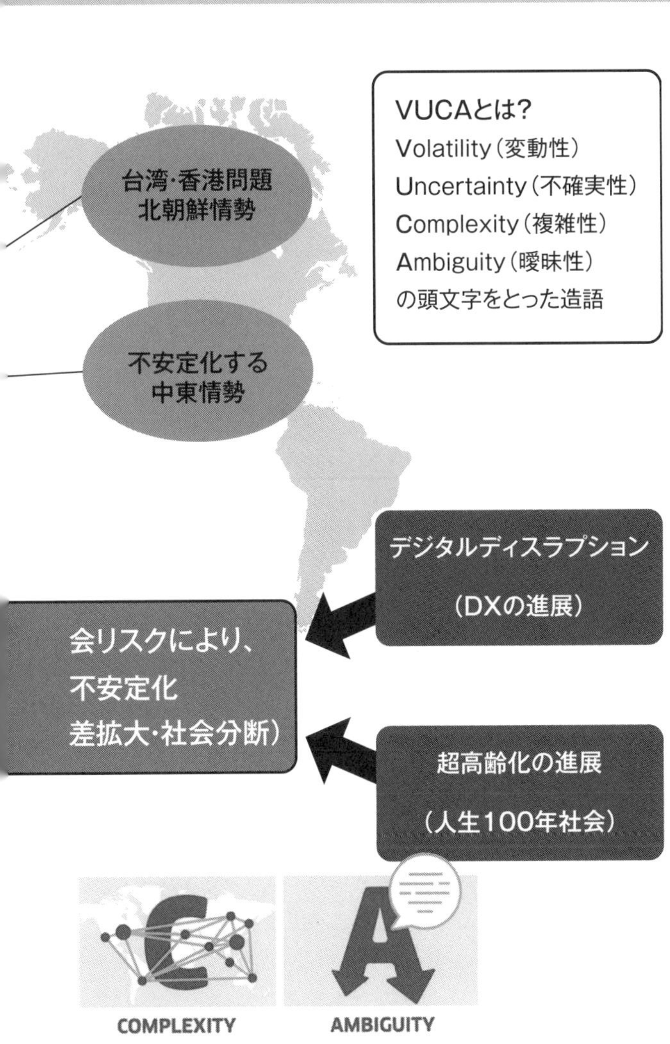
台湾·香港問題
北朝鮮情勢
不安定化する
中東情勢
VUCAとは?
Volatility(変動性)
Uncertainty(不確実性)
Complexity(複雑性)
Ambiguity(曖昧性)
の頭文字をとった造語
デジタルディスラプション
(DXの進展)
会リスクにより、
不安定化
差拡大·社会分断)
超高齢化の進展
(人生100年社会)
COMPLEXITY
AMBIGUITY

2 破壊的テクノロジーの進化(1) ～進化するプラットフォーム～

目下進行中のパラダイムシフトには、テクノロジーの劇的な進化が大きくかかわっています。とりわけGAFAM（Google, Amazon, Facebook（社名をMeta Platformsに変更)、Apple, Microsoft）をはじめとするプラットフォーマーの提供するサービスは、以前は大規模資本でないと実現不可能であったことが個人レベルでも容易に実現可能になりました。それではここで、これからの企業のあり方や個人の生き方にインパクトを与えている主要なテクノロジーについて簡単に説明します。

1．ソーシャルネットワーク

ツイッター、フェイスブックなどのＳＮＳを活用しネットワークを広げれば、個人でも巨大組織に対抗することが不可能ではなくなりました。

2．動画配信

YouTube、TikTokなどを利用すれば個人レベルで放送局を持つことができ、自身の番組を全世界に向けて配信することができます。

3．クラウド

高価なサーバーコンピューターを用意できないような小資本の企業でも、大企業に対抗できるインフラを獲得することが可能となりました。たとえば、企業のシステムを丸ごとクラウド上で稼働させるサービスとしてはAWS（アマゾン・ウエブ・サービス)、Microsoft Azureなどがあります。

4．ローコード、ノーコード

コード（プログラム）を書くことなく、GUI（グラフィックユーザーインターフェース）の利用やパラメータの設定だけで自社のホームページやECサイトを立ち上げたり、アプリケーションソフトを開発したりすることが可能になりました。

5．モバイル

ノートパソコンやスマートフォンさえあれば簡単に「どこでもオフィス」を実現できるなど、ワークスタイル、ライフスタイルに大きな変化をもたらしています。

6．AI

2045年には人工知能が人類の頭脳を超えるシンギュラリティ（技術的特異点）に到達するといわれています。現在、IoTにより獲得したビッグデータを高速5G回線により収集、蓄積し、AIのディープラーニングにより分析する技術が進化を加速させています。

7．5G

5G回線を利用すると４G回線の100倍の速度で通信できます。「高信頼・低遅延通信」「多数同時接続」「高速大容量」という３つの特徴があり、リモートワークをはじめIoTの高速通信に至るまで、私たちの仕事、生活における生産性を飛躍的に向上させます。

8．IoT

あらゆる製品にセンサーをつけて、常に遠隔コントロールできる技術が「モノのサービス化」を促しています。スマホはそのコントローラーとしても重要な役割を担っていくはずです。

9．３Dプリンター

巨大な設備がなくても個人で製造業を起業できる時代となりました。

3 破壊的テクノロジーの進化(2)～ブロックチェーンの衝撃～

テクノロジーの進化については、もう1つ最新のトピックとして“ブロックチェーンの衝撃”も見落とすことができないでしょう。

ブロックチェーンは暗号資産の決済に利用されている中核技術です。暗号資産の一種であるビットコインが普及する中で大きな注目を集めるようになりました。

もっとも、一橋大学名誉教授の野口悠紀雄氏によれば、ブロックチェーンは単なる暗号資産の決済システムにとどまるものではなく「ITにおける第3の革命」ともいうべきイノベーションとして位置づけられています。

ブロックチェーンが革命的と呼ばれている理由は、まずその構造が従来の中央集権的システムではなく、ピアツーピア（P2P）の分散管理型のシステムであり、取引履歴をネットワークに参加しているコンピューターで分散管理している点にあります。一連の取引内容は「ブロック」としてまとめられ、各ブロックは時系列で「チェーン」としてつながっているので、一部だけ改ざんすることは事実上不可能になっています。

このため、ブロックチェーンシステムでは信頼できる第三者による認証というお墨付きが必要なく、全体を管理する「組織（経営者）」も必要ありません。このような分散され自動化した組織は「自律分散型組織（DAO：Decentralized Autonomous Organization）」と呼ばれており、今後、全世界的に人々の働き方や組織のあり方に多大な影響を与えていくものと推察されます。

[現状の資金決済とブロックチェーンによる資金決済の違い]

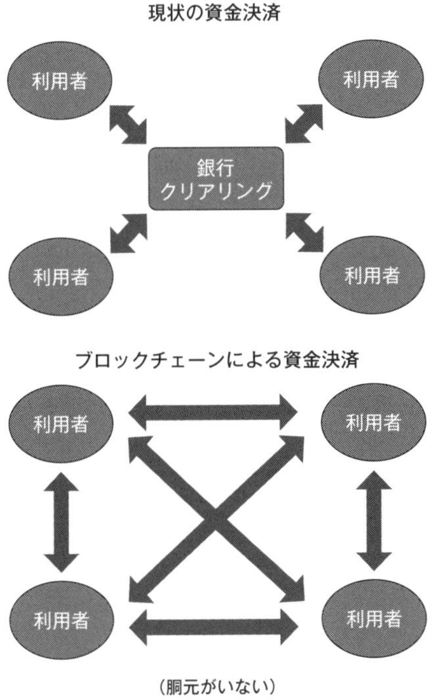

[ブロックチェーンによる自律分散型組織]

労働者

経営者

	いる	いない
いる	①従来の組織	②ロボット等により自動化された組織
いない	③自律分散型組織	④AI+ブロックチェーンによる組織

出典：野口悠紀雄インタビュー（デジタルメディア'Mugendai' より）

4 破壊的テクノロジーの進化(3)〜仮想とリアルの逆転。メタバースとNFT〜

『米不動産仲介会社「eXpリアルティ」で働くシンシア・マッケナンさん（57）の一日はニューヨークの自宅の居間からオフィスへの「出社」で始まる。販促会議の後はセミナーに出席。同僚との雑談を終え「帰宅」のために仮想現実（VR）ソフトを閉じた。コーヒーを飲みほし家庭農園での野菜づくりに。きょう初めての本当の外出だ』

上記は日経新聞に掲載された記事（2022年1月31日「2030 Game Change」）からの抜粋ですが、実際「eXpリアルティ」社では特にコロナ禍で、全世界で7万人の社員が同様のワークスタイルを利用しています。これは現在日本でも行われているリモートワークの延長線上にあるものですが、没入感としては全く異なる世界といえるものです。

そもそもメタバースとは「メタ（meta/超越した、高次元の）」と「ユニバース（universe/宇宙）」を組み合わせた造語です。コンピュータのサイバー空間上に構築された仮想空間であり、アバターと呼ばれる自分の分身を介してその世界に入り、他の利用者とコミュニケーションしたり、オフィスに出社したりできるものです。さらに、仮想店舗に立ち寄ったり、アーティストのライブに参加することも可能です。まさに仮想空間上に構築された街に住むイメージといえます。

さらに、先進の製造業では、エヌビディア社が開発したオムニバース（仮想空間上の共同作業プラットフォーム）を活用し、現実の工場や物流センターを仮想空間上に忠実に再現し、シミュレーションできるデジタル・ツインを実施しています。ちなみにBMW社では、オムニバースの導入により、コストを30%削減することに成功しました。

最近ではフェイスブック社がメタバースの将来性にかけて、社名をメタプラットフォームズに変更し、同事業に年間1兆円投資することを決定したことも話題となりました。

またNFT（Non-Fungible Token）も注目されていますが、これはブロックチェーン技術を用いた偽造不可能なデジタルデータのことです。今後、あなたが発した言葉やデザインや動画がNFTとして保存され、仮想空間上で高額で取引されるかもしれません。

つまり近い将来、メタバース上で土地を買う、もしくはスペースを借りてそこでリアルのビジネスと同様にNFT化された商品や暗号資産（イーサリアム、ビットコイン等）を活用して起業するということも十分考えられるわけです。

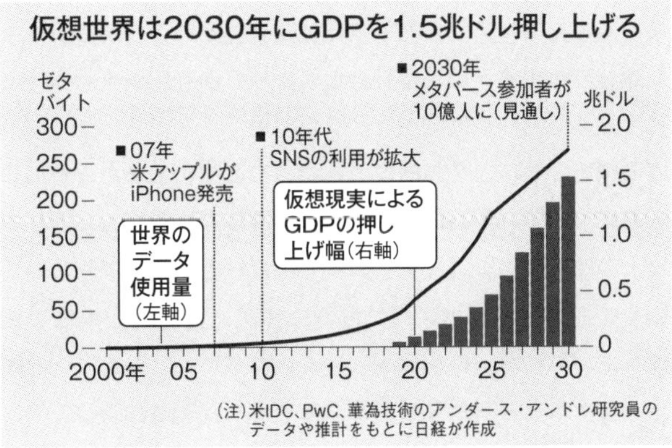

（日経新聞記事より）

5 「所有」から「利用」へ ～シェアリングエコノミーの衝撃～

グローバリズムは「市場の自由化」を旗印に掲げ、合理性と効率性を徹底的に追求し続けてきました。安い人件費を利用して製造コストの低減を実現し、安価な製品を大量に生産し、マス広告を駆使して消費者に消費させるよう促す――こうして誕生したのが、いわゆる大量生産・大量消費型のビジネスモデルです。

しかし、こうした20世紀型のビジネスモデルは、もはや行き詰まりを見せつつあります。消費者の多くは個性のない大量生産品に飽き飽きしており、また大量生産が同時に大量廃棄をもたらすことにも気づいています。大量生産・大量消費型の経済システムが資源の枯渇や環境破壊を引き起こすことに対して、人々は強い拒否反応を示すようになっているのです。

このようにエコロジー意識が高まる流れの中で、「使い捨て社会」を脱却し「環境と経済の両立した循環型社会」「今あるものをシェア、再利用する社会」へと向かう動きが年々加速しています。循環型社会とは、限りある資源を効率的に利用すると同時に廃棄物などを再使用（リユース）することで環境を守ることを志向する社会のことです。また「今あるものをシェア、再利用する社会」のあり方を示すものとして、シェアリングエコノミー型のサービスが急速に広がり始めています。具体的には、先に触れたテクノロジーの進化と相まって、ウーバーの配車システム、エアビーアンドビーの民泊システムなど新たなビジネスモデルが続々と台頭してきているところです。

［シェアリングエコノミー］

個人や団体が所有しているものや遊休資産、スキルなどを他者と共有・交換する仕組み

レンタル料
などの
収入が得られる

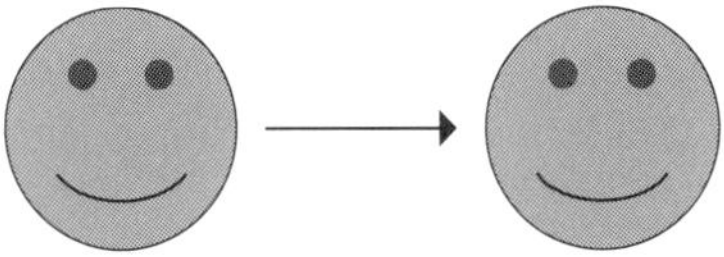

所有して
いなくても
必要なときに
利用できる

貸す側　　借りる側

貸す側、借りる側、双方にメリットがある

①乗り物
- 自動車を共有するカーシェアリング
- 自転車を共有するサイクルシェアリング
- 自動車の運転手とそれに相乗りする人、もしくは相乗りする人同士を引きあわせるライドシェア

②場所（スペース）
- 住宅を提供する民泊
- 駐車場のシェア

③モノ
- 自動車・自転車以外にも、家電製品や衣服などのモノも個人間のレンタルサービスのような形で貸し借りが行われ始めている

④ヒト
- 日曜大工や家事等の作業やベビーシッター、ペットシッターなどのスキル、ノウハウ

（P44、P45 でも関連ビジネスを紹介）

6 「モノ」消費から「コト」消費へ ～UXの時代～

近年における人々の消費行動の変化を示すものとして「モノ」消費と「コト」消費という一対の言葉が広く使われています。

「モノ」消費とは、モノそのものの価値を重視した消費スタイルです。戦後、冷蔵庫や洗濯機、白黒テレビの“三種の神器”や乗用車、クーラー、カラーテレビのいわゆる3C商品が消費者の憧れの対象となったのは、「モノ」消費の典型的な志向のあり方を示すものといえます。

一方「コト」消費とは、「コト」から得られる経験や満足感などに対して対価を支払う消費者の行動様式です。コンサート・イベントへの参加や演芸の鑑賞などがその具体例になります。

現代では「モノ」自体の価値や機能だけをアピールして売ることは難しくなっており、消費者の価値観は「モノ」消費から「コト」消費へと移行しているといわれています。別の言い方をすれば、人々が「物質的なモノ」よりも「精神的な満足」を求める傾向が強まっているのです。

このような消費者の嗜好の変化を背景として、現在を「UX（ユーザーエクスペリエンス）の時代」と呼んでいる識者もいます。

ユーザーエクスペリエンスとは、ユーザー（利用者）が製品やサービスから受ける価値のある体験を示す概念です。企業の側からいえば、ユーザーにとって望ましいUXを得られるように製品やサービスを企画し、デザインすることが強く求められているといえるのです。

[「モノ」消費から「コト」消費へ]

従来の「モノ」消費の範囲

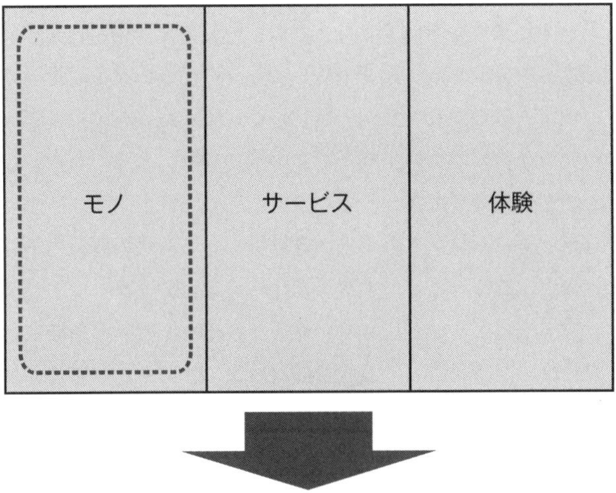

これからの「コト」消費の範囲

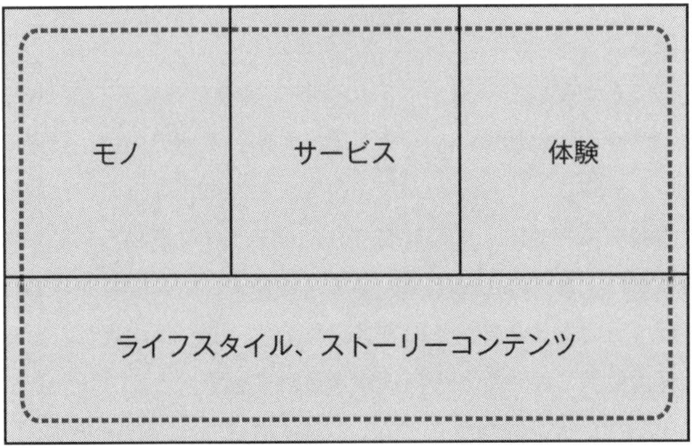

上図のように、提供価値は、従来の「モノ」の機能から、ライフスタイルやストーリー性のあるコンテンツにまつわる、「コト」に移行してきている

7 今、全ての企業に求められる新たな事業の創出

ここまで述べてきたように、政治、経済、社会、テクノロジーなど様々な領域でもたらされている変化が相互に密接に影響しあいながら、急速な勢いでパラダイムシフトが進んでいます。この激しい変革の時代に、企業が進むべき道を見失わないためには、何よりも過去の成功体験にとらわれないことが重要になります。

パラダイムシフトの本来の意味は、ある時代の認識の枠組みや支配的な考え方が大きく変化することです。パラダイムシフトが起こる前と起こった後をそれぞれ旧時代と新時代とすれば、旧時代における成功体験はあくまでも古い時代の認識の枠組みや考え方のもとで実現できたものにすぎません。一方、新時代における認識の枠組みや考え方はすでに旧時代とは大きく異なっています。つまりは前提条件が根本的に変化しているわけですから、成功体験がそのまま通用するとは限らないのです。

にもかかわらず過去の成功体験に執着し続けてしまうと、パラダイムの転換に十分に対応できず、最悪の場合、衰退の道を歩むことになりかねないのです。たとえば近時、台湾の鴻海《ホンハイ》グループによって買収されたシャープは液晶テレビの自社ブランド「亀山モデル」の成功体験から脱却できず、価格競争力のある海外へ生産基地を移転することに出遅れたため経営危機に陥ったとの指摘がなされています。

したがって、パラダイムシフトの中で生き残るためには、これまでの成功体験を捨ててビジネスモデルを再構築し、新たな収益の源泉としての新規事業に取り組まなければなりま

せん。哲学者ニーチェは「脱皮できないヘビは死ぬ」との言葉を残しています。成功体験から脱皮できない企業、「新規事業」という新たな皮を身にまとうことができない企業を待ち受けているのは滅亡の運命です。企業経営の中枢にいる人たちは、まさに“待ったなし”の状況にあることを何よりも強く認識しなければならないのです。

8 マクロ環境分析はPEST分析で

新規事業を立ち上げていくうえでは、自社の現状を把握することはもちろん、外部環境に関する情報を収集し分析する作業も必要になります。

この外部環境の分析に関しては、大きな視点から行う「マクロ環境分析」と小さな視点から行う「ミクロ環境分析」の２つが求められます。「ミクロ環境分析」の方法については後述するとして、ここでは「マクロ環境分析」の手法を紹介しましょう。

まず、マクロ環境分析では市場環境を５年、10年といった長期のスパンでとらえることになります。その際、主要な要素となる「政治（Political)」「経済（Economical)」「社会(Social)」「技術（Technological)」の４つの外部環境を取り出し、分析対象とする手法として「PEST分析」があります。「PEST」の４文字はそれぞれの英語名のイニシャルからとられています。

「政治」に関してはたとえば法規制や規制緩和などが、「経済」については景気や為替・金利などが、「社会」に関しては人口動態や世論・社会意識などが、また「技術」については技術革新などが分析における中心的な視点となります。

これらの４大要素の変化はいずれもビジネスに多大な影響をもたらすものであり、それらが同時に発生すると、先に見たようなパラダイムシフトが起こるわけです。

なおPEST分析の情報源としては、国の公表している各種統計データやシンクタンクの調査レポート、新聞報道や専門誌の特集記事等があげられます。

[PEST分析とは]

P

政治（Political）

（法規制・規制緩和、国の政策、税制の見直し、政府の動向、NPOなど市民団体の動向、最高裁の判断変更、外交関係など）

E

経済（Economical）

（景気、インフレ・デフレの進行、為替、金利、経済成長率、日銀短観、失業率、鉱工業指数など）

S

社会（Social）

（人口動態、世帯数、世論・社会意識、教育、犯罪、環境、健康、文化に関する情報など）

T

技術（Technological）

（技術革新、特許、技術提供企業の投資動向など）

トライ PEST分析をやってみよう！

Aさん　マクロ環境の分析にはPEST分析が有効であることはわかりました。でも、具体的な分析の仕方が、今一つイメージできません。

講師　では、自動車業界を例に実際にPEST分析を行ってみることにしましょう。まず「政治」との関係について思いつくことはありませんか。

Aさん　ぱっと頭に浮かんだのは、政府が2030年代半ばまでにガソリン車の新車販売廃止を打ち出したことでしょうか。

講師　そうですね。これは脱炭素社会に向けての世界的なトレンドですね。ほかにはありませんか。

Aさん　政府は電気自動車（EV）を普及させるため、EV購入時の大幅な補助金制度も講じているようですね。

講師　確かに電動化に向けての取り組み姿勢は感じられますね。ただ、本格的な普及を実現するには、自宅の駐車場に充電設備を設置する必要があります。戸建ては可能ですが、今後集合住宅や月極の駐車場への設置がキーになると思います。政府のこちらへの対応も急がれますね。それでは次に「経済」について考えてみましょうか。

Aさん　コロナ禍でサプライチェーンが分断され、部品供給が不足し、自動車メーカーは減産を余儀なくされていますね。さらに、ロシアのウクライナ侵攻と西側諸国の経済制裁で原油価格が高騰し、インフレが加速しています。

講師　確かにインフレの加速、ガソリン価格の高騰は自動車メーカーにとっては逆風ですね。ただし、ガソリン価格の高騰は、中長期的にはEVシフトを加速させる要因にもなりそうです。それでは次に「社会」について考えてみましょうか。

Aさん　若者の車離れが加速しているように思います。これはＺ世代の価値観やライフスタイルの変化の表れかもしれません。

講師　確かに。最近のシェアリングビジネスのブームもそういったライフスタイルの変化の影響を受けているようですね。カーシェアリングやサブスク型の活用を考える人も今後増えてきそうです。まさに、「所有」から「利用」へのトレンドの変化がここでも見られますね。それでは、最後に「技術」について分析してみましょう。

Aさん　技術で一番に思い浮かぶのは、自動運転ですね。

講師　そうですね。その担い手はやはり電気自動車（EV）メーカーということになります。車に取り付けられたセンサーやカメラで周囲の状況のデータを取得しながら、AIやソフトウェアによる制御で危険を回避し、安全な走行を実現しています。またIoT技術により、外部から新しいアプリをダウンロードし、リモートで保守点検の一部を実施することも可能で、まさに自動車業界というよりもIT業界に近いビジネスモデルを有しているといえますね。さて、ここまでPEST分析を行ってきたわけですが、どんな感想を持ちましたか。

Aさん　最初、マクロ環境の分析と聞いて、専門家ではない素人の自分にできるのだろうかと不安に思いましたが、いざトライしてみるとなんとかなるものですね。

講師　案ずるより産むが易しです。難しく考える必要は全くありません。まずは政治、経済、社会、技術に関して思いついたことをどんどんとあげていけばよいのです。

コラム

新規事業立ち上げステップの全体像を把握する

34ページの図は、以下で説明する新規事業立ち上げステップの全体像を示したものです。

まずSTEP 1では「新しい事業アイデア」を生み出すための方法を解説します。具体的には2つの要素を組み合わせる方法やKJ法、デザインシンキングの進め方について説明します。

次に、STEP 2では現状分析を行います。「現状（As-Is）」を3C分析やSWOT分析を用いて、自社の強み、弱み、市場における機会、脅威を分析します。さらに、5F分析の手法を使って競合する5つのステークホルダーとの関係性を分析します。

そして、STEP 3ではターゲット顧客、提供価値を設定します。具体的にはSTP分析によって①セグメンテーション>ターゲティングの順で「ターゲット顧客」を定義し、②投入する製品・サービスの市場におけるポジショニングによって「提供価値」を設定します。そして「あるべき姿（To-Be）」を浮き彫りにしていきます。

STEP 4では「事業戦略」を練ります。「戦略」は「現状」と「あるべき姿」のギャップを埋めるための方策です。4P戦略（製品、価格、チャネル、プロモーション戦略）、成長戦略（製品、市場マトリックス戦略）、競争戦略（差別化、低価格、集中戦略）などがその主な選択肢となるでしょう。

STEP 5では「戦略」を具現化する「ビジネスモデル」を1枚の紙に描きます。「バリューチェーン＋収益モデル」の形で示される「ビジネスモデル」を「ビジネスモデルキャンバス」の手法により見える化していきます。本書ではその作成方法の説明とともに、代表的なビジネスモデルを10種類厳選してご紹介します。

STEP 6では、STEP 1からSTEP 5までの総まとめとして「事業計画書」を作成します。事業計画は戦略を実現するためのマイルストーンとしての役割を果たすものです。たとえば、3カ年の事業計画を立てる場合、まずは3年後の売上目標を設定して、そこから各年別の売上目標にブレイクダウンし、さらに各年ごとに売上・費用・利益を設定して予測PLを作成していきます。この時、EXCEL等を用いて何度も数値を入れ替えながらシミュレーションしていく形をとります。

最後のSTEP 7では事業計画を実行に移します。本書では事例を通して新規事業のプロジェクトを運営する方法などについて解説していきます。具体的には、PDCAサイクルの回し方、チームマネジメントのポイント、営業における案件パイプライン管理手法等について説明していきます。

[新規事業立ち上げステップの全体像]

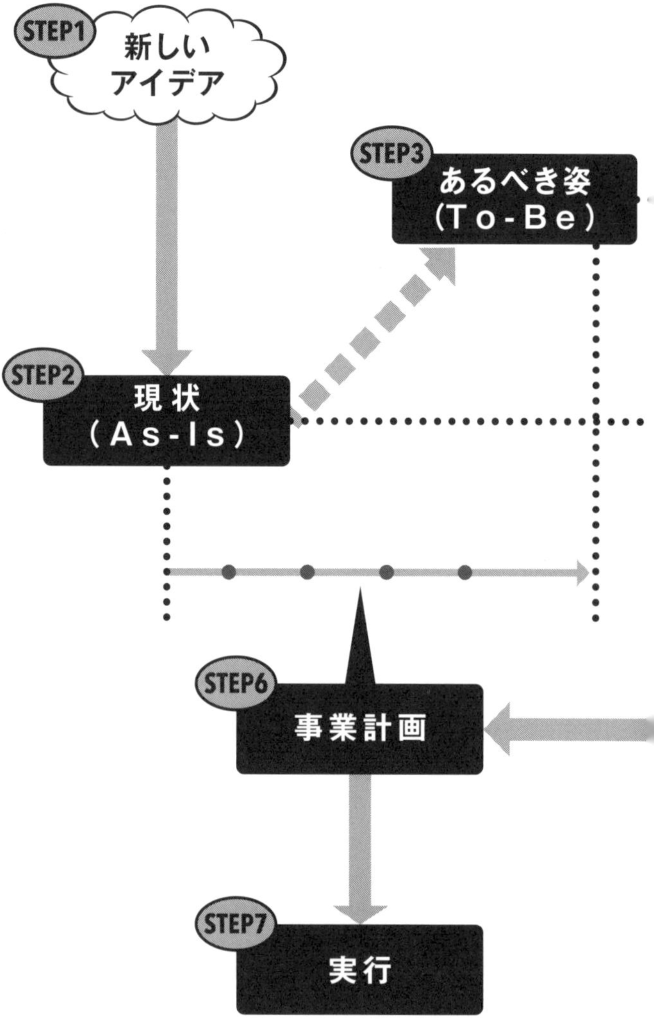

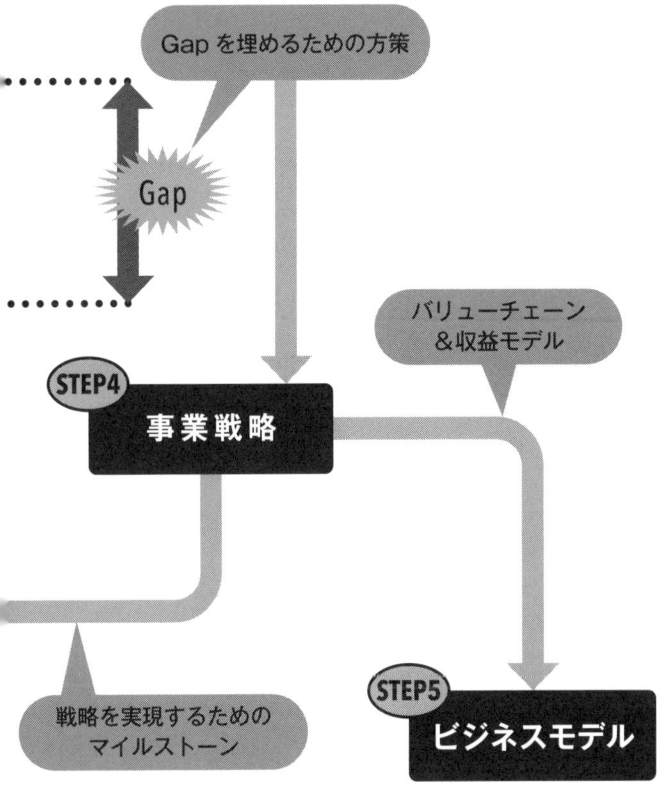
Gap を埋めるための方策
Gap
バリューチェーン
＆収益モデル
STEP4
事業戦略
戦略を実現するための
マイルストーン
STEP5
ビジネスモデル

STEP 1

「新しい事業アイデア」を生み出す

STEP1

1 新しいアイデアを生み出す発想法について

「新しい事業アイデア」を生み出すといっても、全く何もないところから新しいアイデアを創出することは極めて困難です。

言い換えれば、商品やサービスに関する基本コンセプトが出尽くした現代社会において、すでにあるものを組み合わせる方法でしか、アイデアを生み出すことはできないといってもよいでしょう。アイデアに関する古典的名著として知られている、ジェームス・W・ヤング著『アイデアのつくり方』でも「アイデアとは既存の要素の新しい組み合わせ以外の何物でもない」と断言されています。

また、アップル社を創業したスティーブ・ジョブズは、'Connecting The Dots'という言葉を用いて、創造力とは、一見関連性のない過去に経験した様々な点（出来事）と点が後になって結び付いて、新たな「何か（アイデア）」が見出されることであると述べています。

それでは、「新しいアイデア」を生み出すには、どのような方法を用いればよいのでしょうか。

それは、２つ（複数）のモノの関係性に着目して、以下の３つの考え方から想起できます。

① **２つ（複数）のモノの組み合わせを考える**

② **２つのモノの価格や情報の差（ギャップ）を利用する**

③ **複数のモノの中から空いているモノ（アイドル）を有効活用する**

つまり、既存の２つ（複数）のモノに対して、加減乗除などの変更を加えることにより、新たなアイデア（提供価値）を生み出す発想法といえます。

これら３つの発想法に対し、以下のようなタイトルをつけ、その内容について深掘りしていきたいと思います。

①「組み合わせ法」

②「ギャップ活用法」

③「アイドル活用法」

なお、具体的なビジネスモデルのパターンについては、STEP5で紹介させて頂いております。

[本当に使える3つのアイデア発想法]

①組み合わせ法　～2つ(複数)のモノの組み合わせ～

「組み合わせ」による新たな価値の創出法を指し、たとえば、携帯電話とパソコンを組み合わせたスマートフォンはまさにこの発想から生まれた製品といえます。代表的な事例としては、「インターネット（スマホ）　×　既存ビジネス」をあげることができます（詳しくはP40・41参照）。

②ギャップ活用法　～2つのモノの価格や情報の差を利用～

「ギャップ活用法」とは、異なる2つのモノ（市場）の価格格差、情報格差を利用して利益を得る取引を指します。言い換えれば、「世界で最も安く調達できる市場でモノを調達して、最も高く売れる市場で売る」ビジネスの発想法ともいえます。具体例としては、アパレルSPA、オンライン英会話などの事例があげられます（詳しくはP42・43参照）。

③アイドル活用法　～空いているモノを有効活用～

空いているモノ（アイドル）を有効活用するいわゆるシェアリングビジネスを指します。具体例としては、配車サービスのウーバー、民泊サービスのエアビーアンドビーなどがあげられます（詳しくはP44・45参照）。

STEP1 2

本当に使えるアイデア発想法①

組み合わせ法　―2つ(複数)のモノの組み合わせ―

組み合わせ法のアイデア出しは、異なる要素を組み合わせる作業が中心となります。

たとえば、インターネット（スマホ）という新しい技術と既存の事業（市場）を組み合わせることにより、多くの事業が誕生しました（P41上図参照）。このように、片方の軸（この場合は「技術」）を固定させるとより具体的にアイデアを発想しやすくなります。

逆に既存技術を新市場に適用して成功するケースもあります。富士フイルムでは、デジタルカメラの登場によって既存のカメラ市場が縮小する中で、中核技術である「フィルム技術」を写真以外のマーケットで活かす道を模索しました。そこで、写真フィルムの主成分であるコラーゲンに着目し化粧品市場に新たな活路を見出すことに成功したのです（P41下図参照）。

このように、中核技術・ノウハウを活かして新製品・新サービスを開発して新市場に「転用」した例は少なくなく、ほかにもダイナマイトの原料であるニトログリセリンが心臓病の治療薬に転用されたケースなどがあげられます。

また、電話、PC、カメラ、音楽・ビデオ再生等日常のあらゆるデジタル技術を集約した「スマホ」はまさにこの「組み合わせ法」によって生み出された代表例といえます。さらに「スマホ」は、IoTにおけるコントローラーの役割も担っており、今後ますますその用途は広がっていくものと思われます。

[異なる技術、市場の組み合わせの事例]

インターネット（技術）× 業界（市場）の事例

インターネット × 業界	事例
インターネット × 小売業	アマゾン、楽天市場
インターネット × 旅行業	楽天トラベル、一休.com
インターネット × 保険業	ライフネット生命、チューリッヒ保険
インターネット × 情報検索	グーグル、ヤフー
インターネット × 配車予約サービス	ウーバー
インターネット × 民泊予約サービス	エアビーアンドビー

富士フイルムの新市場（化粧品市場）進出例

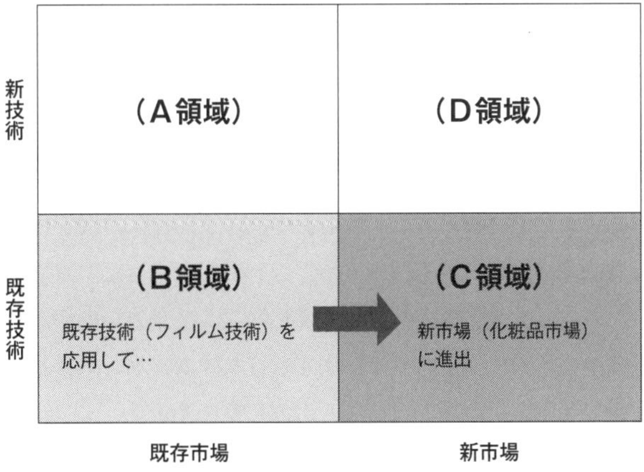

STEP1
3

本当に使えるアイデア発想法②

ギャップ活用法　―2つのモノ（市場）の価格格差、情報格差を利用―

今やマクドナルドやナイキに代表されるグローバルビジネスでは常識となっている「世界で最も安い市場でモノを調達して、世界で最も高く売れる市場で売る」というビジネスモデルのもとになっている発想法がギャップ活用法です。

今日では、巨大グローバル製造業が企画・デザインは本社で行い、生産はアジア圏や東欧諸国など人件費、物価の安い地域で行い、グローバルに展開する店舗で販売する垂直統合型のビジネスモデル（SPA）を採用しています。具体的にはGAP、ラルフローレン、ZARA、H&M、ユニクロ、IKEAなどをあげることができ、まさに市場間の「ギャップ活用」の発想によって成功した事例といえます。

次に、近年英会話学習で普及が進む「オンライン英会話」について考えてみます。このビジネスが従来の英会話学校に比して圧倒的に優位性を持つ理由は、コストにあります。まず講師については、英語の堪能なフィリピン人講師を採用することでコストを従来の５分の１以下に下げ、オンライン学習を採用することにより、その他の付帯費用（物理的な施設等）も極限まで下げることを可能にしました。まさに２つの市場の「ギャップ活用」の事例の１つといえるものです。

ところでIT業界では、アメリカで流行したものは３～５年後には必ず日本でも流行するといわれてきました。ソフトバンクの孫社長で有名な先行する市場（アメリカ）の情報をいち早く日本に取り入れて活用する「タイムマシン経営」も、２つの市場の情報格差を利用した成功事例です。

[グローバルSPA企業の垂直統合型ビジネス]

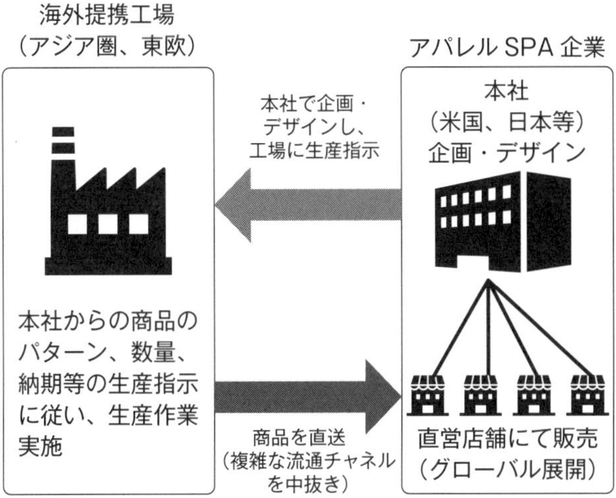

[オンライン英会話スクールのビジネス]

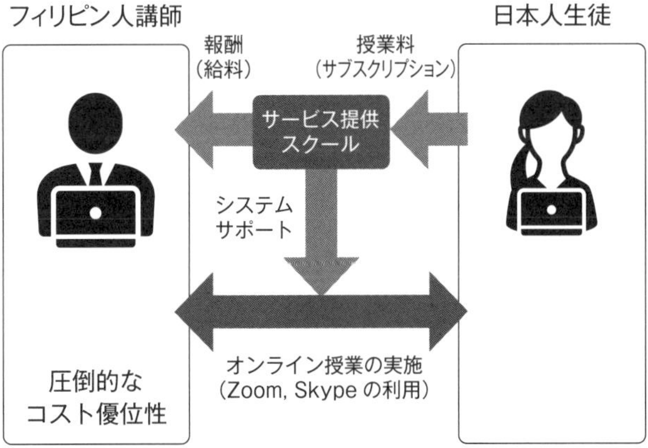

STEP1 4

本当に使えるアイデア発想法③

アイドル活用法　―空いているモノ（アイドル）を有効利用―

空いているリソース（資産）、空いているキャパシティ（容量）、空いている時間、空いている能力など、現代社会においてこうした無駄と思えるものは増え続けています。一方で、インターネットの発達により、現在では、こうした「アイドル＝空いているモノ」を見つけ出すことは非常に容易になりました。このような状況を背景に、あらゆる業界において「アイドル」が大きなビジネスチャンスになってきています。シェアハウス、ルームシェア、カーシェアリングといったシェアリングビジネスは、こうしたアイデアの発想から生まれてきたものです。顧客の混雑度によって価格を変更するダイナミックプライシングもアイドルビジネス（空いている時間の有効活用）の一種といえるかもしれません。

具体的な事例としては、配車サービスのウーバー、民泊サービスのエアビーアンドビーなどをあげることができます（空いている資産の有効活用）が、最近はやりの「空き家再生ビジネス」もこうした発想から生まれたビジネスであるといえます（P45上図参照）。

また、これまで中小製造業（印刷業、クリーニング業など）の多くは、低い稼働率（50％以下）にもかかわらず高額（1億円以上）の生産設備（機械）をかかえ、固定費が大きな負担となっていました。このような状況を解消するため、同業の企業間の情報をネットワーク化してユーザー側のオーダーに応じて適切に発注を割り振る仕組みを構築し、業界全体として機械の稼働率を向上させることが可能となりました（空いているキャパシティの有効利用）。このような仕組みを仲介サービスとして提供し、成功している事例としては、ネット印刷のラクスル、宅配クリーニングのリネット等があります（下図参照）。

[空き家再生ビジネス]

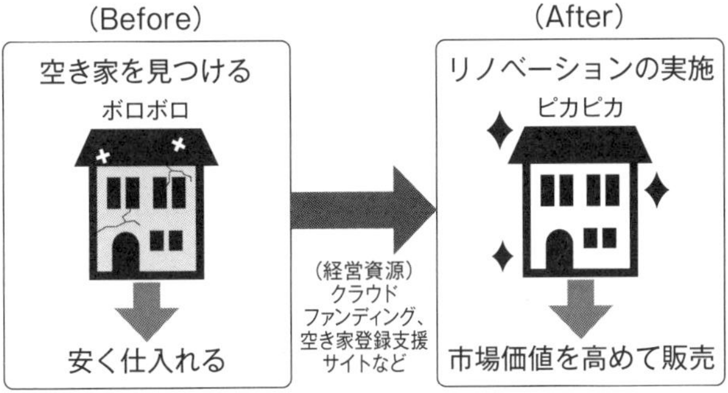

[空いているキャパシティの有効活用ビジネス]

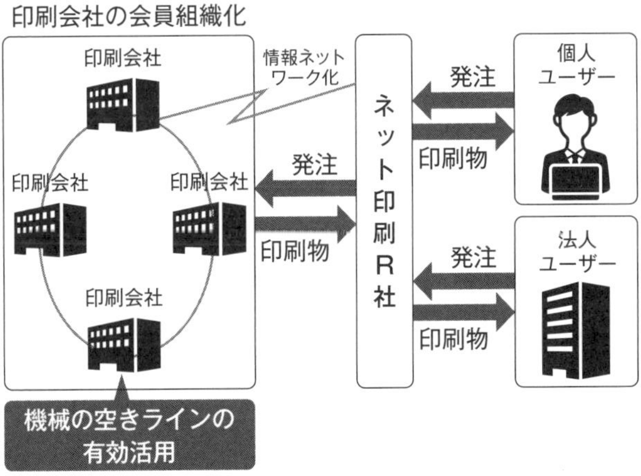

STEP1
5
MIT研究所のグループ・ダイナミックス理論

どんなに優秀な人材でも１人で考えているだけでは、なかなかよいアイデアは出てこないものです。やはりグループやチームで討議し、ブレインストーミング（会議形式で行うアイデア出し）することが必要になるはずです。個人で考えている場合に比べて、集団で議論しあっている場合のほうがより多くの優れたアイデアが生まれる理由は、「グループ・ダイナミックス理論」によって説明することが可能です。

「グループ・ダイナミックス（Group Dynamics）」は直訳すれば「集団力学」になります。集団の構成員が互いに及ぼしあう影響などを研究する社会心理学の一分野であり、アメリカの心理学者であるクルト・レヴィンによって基礎理論が構築されました。彼は研究の出発にあたり、⑴集団生活の場にはどのような性質の「力」が働いているのか、⑵どのような力が集団生活の変化を作り出すのか、⑶どのような力が変化に対する「抵抗」を作り出すのかという３つの設問を掲げています。レヴィンの死後はマサチューセッツ工科大学（MIT）に設けられた専門の研究所を中心にその理論的研究等が続けられました。日本でもグループ・ダイナミックス学会が創設されるなど、関連する研究や実践活動は世界各国で展開されています。

グループ・ダイナミックス理論では「集団」と「個人」が相互に影響を及ぼしあうことで、集団と個人双方の気づきや意欲が高まっていくと評価されています。そのような積極的な効果が、ブレインストーミングにおいても十二分に発揮されていると考えられています。

[グループ・ダイナミックスを生むための会議座席配置図]

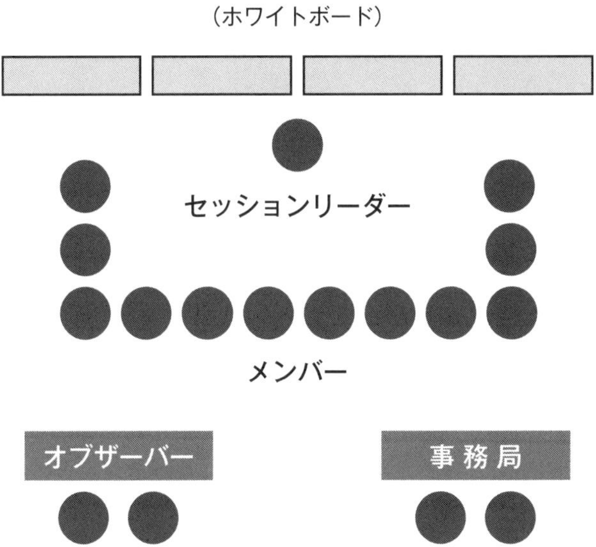

1. メンバーは役職にかかわらず、対等の立場で参加
2. アイデアはセッションリーダーが全て正面のホワイトボードに書き出す
3. メンバーは意識を正面に集中し、メモはとらない
4. メンバーはセッションルール（P49参照）を遵守する

STEP1 6

KJ法によるブレインストーミングでアイデア出し

グループで集まってアイデアを出す方法として、簡単にでき、大きな効果を見込める手法としてお薦めしたいのが「KJ法によるブレインストーミング」です。

ブレインストーミングでは、参加者が自由に意見を出しあうことでお互いに刺激しあいながら、創造的なアイデアを生み出していきます。広告代理店BBDO社の副社長だったアレックス・F・オズボーンが1930年代の終わり頃に考案したといわれています。略して「ブレスト」、あるいはBS法とも呼ばれます。

一方、KJ法は文化人類学者の川喜田二郎氏が考案したアイデアの抽出と整理のための手法です。一般的なやり方としては会議メンバーに５枚ずつ付箋を配り、あるテーマについてアイデアを５つ書き出してもらいます。その際、時間を５分や10分などのように短く区切って集中させることがポイントになります。それを集めてホワイトボードに貼り出し、全員で討議しながら貼り出されたアイデアをグルーピングし、まとめていきます。

アイデアをグルーピングする際には、どのように配置したら見やすく論理的にも理解しやすいかを考えるのが重要なポイントとなります。このグルーピングの作業は「図解化」といわれています。図解化の結果、判明したことをさらにストーリーの形で、口頭で説明したり文章化したりします。このプロセスは「叙述化」と呼ばれています。

[ブレインストーミングのルールとアイデア出し]

ブレインストーミングの７つのセッションルール

①LISTEN……聴く、人の話を中断しない、人の意見を理解する
②THINK……集中する、考える
③TALK_NET……簡潔に
④STATE_CLEARY……適語表現
⑤ONE_SUBJECT_AT_A_TIME……テーマをスリップさせない
⑥BE_DECISIVE……論拠をもとに意思決定をする
⑦UNANIMOUS_AGREEMENT……対案がなければ賛成とみなす

IBM社ＣＰＳ（カスタマープランニングセッション）のルールより引用

基本的なアイデアの出し方

①各メンバーが付箋に各課題に対するアイデアを書き出し、貼り出す
（KJ法を活用）

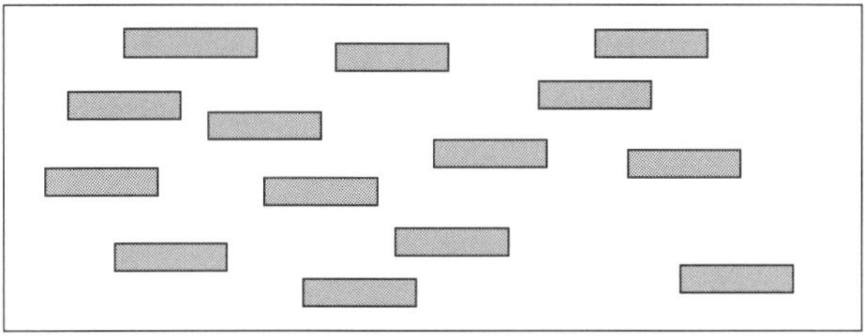

②アイデアをグルーピングする

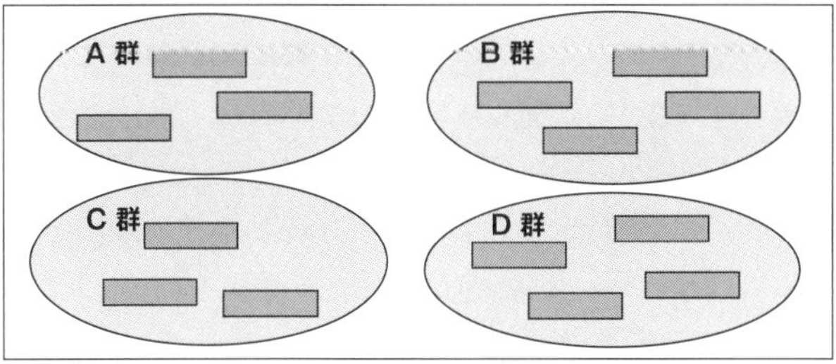

STEP1

7　発散から収束へ

アイデア出しのプロセスは大きく「発散」と「収束」の2段階に分けることができます。

「発散」は、アイデアを外に発することに専念する段階です。このプロセスでは、とにかく可能な限り多くのアイデアを出すためのノウハウや雰囲気作りが重要になります。

ことに日本人は欧米人などに比べると気が弱く、「こんなことを言ったらばかにされるのではないか」「余りにも突拍子もないアイデアだから、提案したら場が白けた雰囲気になるのではないか」などと考えて自分から積極的に意見を述べることを躊躇する傾向があります。そのため議論を進行する側は、参加者が思いついたことをためらわずに言えるよう十分に配慮することが必要です。たとえば「そんな考えはダメだ」「実行するのが難しいのではないか」などとはじめから粗を探すような姿勢で臨むのではなく、一見実現不可能に思えるアイデアが出ても「○○を改善すれば現実化できそうだ」などと、実現の可能性を広げていく方向に議論を導いていくようなスタンスが求められます。

この「発散」のプロセスでアイデアが数多くあがった後は、それらを整理するプロセスに移ります。この「収束」の段階では、アイデアをより実現可能な形に絞り込んでいくことが重要になります。前述したKJ法のグルーピングは、収束のための実践的な手法の1つといえます。

これらの「発散」と「収束」のプロセスを繰り返す中で、新規事業のアイデアは成熟し、参加者の考えもより深まっていくはずです。

［「発散」と「収束」のプロセスをサポートする KJ法の4つのSTEP］

①STEP 1　各メンバーが付箋に各課題に対するアイデアを書き出し、貼り出す（KJ 法を活用）

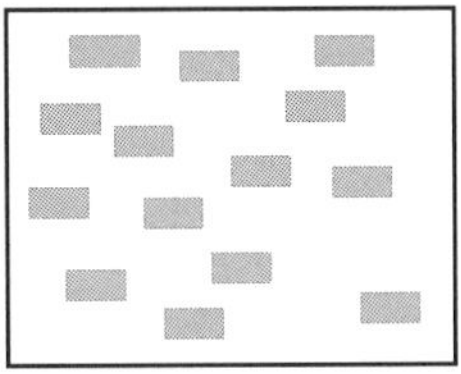

②STEP 2　アイデアをグルーピングする

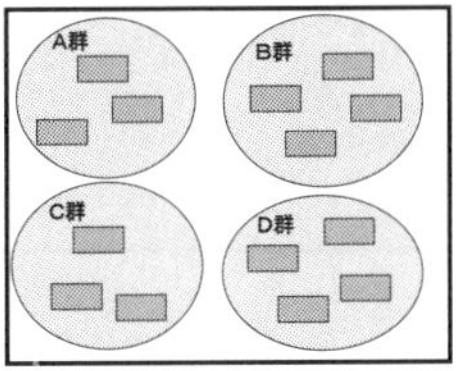

③STEP 3　関連する項目をまとめ、グループ間の関係性を表示（図解化）

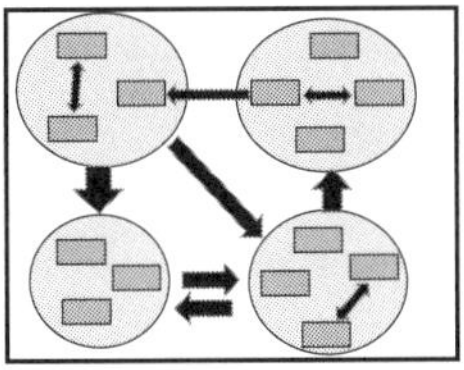

④STEP 4　叙述化（収束）

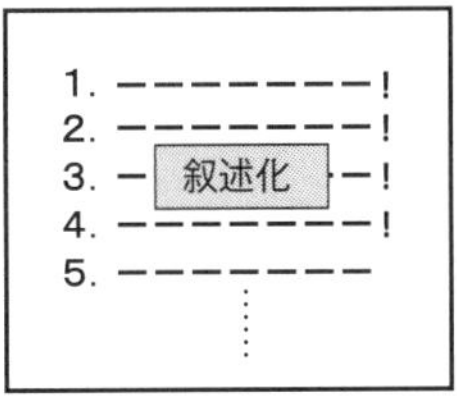

STEP1

8 デザインシンキングの概要

市場が成熟しきった現在、サービスやプロダクトの価値は、料金や機能性というよりも、それを使うことによって「どのような体験ができるのか」という「ユーザー体験」に移行してきています。そのような背景の中で、ここでは最近外資系コンサルティングファームやシリコンバレーの企業でもブームになっている「デザインシンキング」について解説していきます。なぜなら、「デザインシンキング」は「人を中心」に据えて、より快適な「ユーザー体験」をデザインすることを目的に以下の５つのプロセスにより実施されるからです。

１．共感

まずユーザーインタビューやアンケート、観察を通じて、対象となる情報を収集します。収集した情報をもとに、ペルソナ（典型的なユーザー）となる人物像を特定します。次に気になったコメント・事実についてリストアップし、それらについてチームで話しあい、解釈した結果を「インサイト（洞察）」として書き出します。

２．問題（課題）定義

導き出した「インサイト」をもとに、ユーザーのニーズを考えます。本当は何を実現したいのか、潜在的な課題はなんなのかを深掘り、抽出していきます。そして「ユーザーの解決すべき課題」を定義します。

３．発想（アイデア）

上記で定義した課題を解決するため、チームでのブレインストーミングを行い、多くのアイデアを出します。そして優先順位の高いものから1つに絞り、その内容をコンセプトとしてまとめ、次のプロセスに進めていきます（詳細はP55参照）。

4．プロトタイプ

3で出たアイデアを検証できるプロトタイプと呼ばれる試作品を作成します。

5．テスト

試作品のユーザーテストを通じてアイデアの評価を行っていきます。フィードバックをもとにプロトタイプを改善していきます。

このようにデザインシンキングではユーザーインタビューから始まって試作品の作成、ユーザーテストまでを行いますので、カバーするスコープが広範にわたりますが、アイデア出し（発想法）の部分に限っていえばこれまで紹介してきたKJ法と非常に類似した手法を活用しており、この方法がスタンダードであることを理解できると思います。

[デザインシンキングによるアイデア出し手法]

アイデア（発想）フェーズのブレインストーミングはKJ法とほぼ同じ！

■デザインシンキングの5プロセス

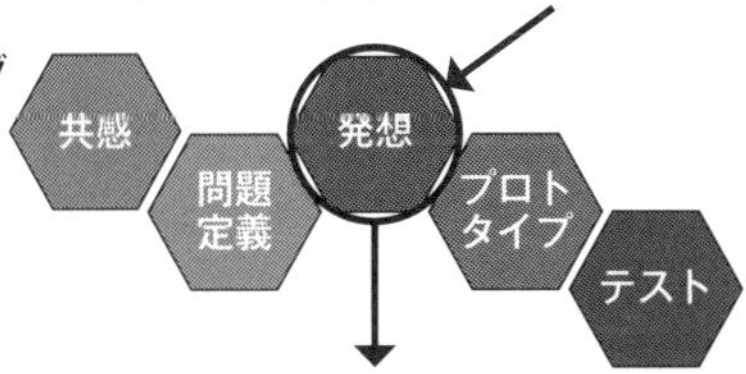

次ページにて発想フェーズにおけるブレインストーミングの進め方について詳述する

※スタンフォード大学「d.school」資料（bootcamp bootleg）より引用

STEP1

9

デザインシンキング（発想フェーズ）—ブレインストーミングの進め方—

ここでは、前ステップで定義した「解決すべき課題」に対して「どうすればできるのか」というアイデアの出し方、ブレインストーミングの進め方について解説します。

まずチームメンバー全員に付箋を配り、メンバーそれぞれがアイデアを考え、付箋に書いてホワイトボードに貼っていきます。その際、アイデアは具体的かつ簡潔に記述し、ファシリテーターはタイマーを用意して１つの問題に対して「３分間」の制限時間を設け、集中して最低１人10個以上のアイデアを出すよう促します。

３分経ったら、さらに様子を見て１～２分間延長時間を設けます。

次に、たくさん出たアイデアをカテゴリーごとに分けて、投票基準に基づいて投票を行います。投票基準としては以下の３つが考えられます。

① 最も成功する可能性が高い

② 最もユーザーを喜ばせる可能性が高い

③ 最も画期的である

これらの基準から選ばれたアイデアについて

(1) どんな価値があるか

(2) どのようなユーザーにフィットするか

(3) 実現への障害は何か

という観点から内容をクリアに定義しながら、最後にコンセプトとしてまとめていきます（P55図参照）。

KJ法と比べて、デザインシンキングのブレインストーミングのユニークな点は、投票基準を事前に設け、投票によるポイント制を用いて、最終的な判断をメンバー全員で決定する点にあります。フラットな会議方式も含め、非常に民主的な方法であるといえます。

［デザインシンキングにおける ブレインストーミングの進め方］

チームでアイデアに投票し、具体化する（チーム作業）

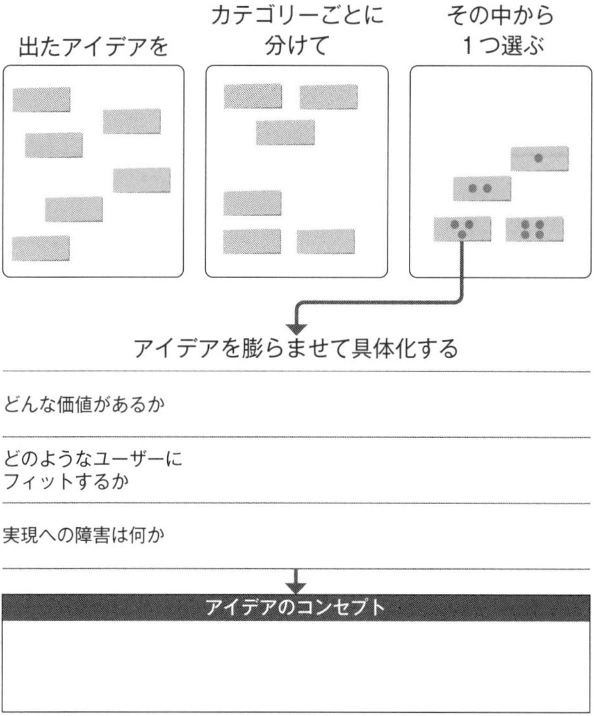

ジャスパー・ウ「実践スタンフォード式デザイン思考」（インプレス刊）より

STEP1 トライ

ブレインストーミングでアイデアを出そう！

Aさん　来月、わが事業部において、ブレインストーミングによる新規事業のアイデア出しを行うことになったんです。私は事務局を仰せつかったのですが、初めてのことなのでうまくいくかどうか心配です……。議論を活性化させるために気をつけておいたほうがよいポイントなどがあれば教えてください。

講師　まず、会議の開催理由やテーマ、それにメンバーはすでに決まっていますか。

Aさん　メンバーは決まっていますが、開催理由、テーマ等については来週開かれる主催者との事前打ち合わせで確認する予定です。

講師　そうですか。是非、会議の開催理由、テーマ、ゴール等明確にしたうえで、事務局として事前にメンバーに通知しておいてください。会議がうまくいくかどうかは事前準備にかかっていますので。

Aさん　確かに。これから講義で学んだ会議手法等も参考にしっかり準備していきたいと思います。

講師　さて、それでは本題のブレインストーミングの話に移りたいと思います。最初のアイデア出しについては、KJ法やデザインシンキングの講義でも説明したように、付箋を有効に使って、短時間で多くのアイデアが出せるように進めてください。そして、出てきたアイデアはホワイトボードなどに貼り出しましょう。さらに、アイデアを書いた付箋を自由に移動させてグルーピングすることにより、グループとしての思考の整理やアイデアのコンセプトをまとめていくことができ、大いに役立つと思いますよ。

Aさん　そうですね。せっかく学んだKJ法やデザインシンキングの方法を活かさない手はないですね。しっかり復習したうえで、当日はホワイトボードと付箋を忘れずに用意しておくことにします。

講師　それから、出てきた意見に対して反論がないような場合は賛成とみなすことも大事なルールですね。アイデアに対して問題がないから反論が出ないわけですから。賛否はうやむやにしないことです。最終的にはデザインシンキングで提唱している「投票」という仕組みで決定していくのもいいですね。

Aさん　ほかの人が賛成なのか反対なのか、はっきりしないままだと「自分のアイデアは受け入れられたのだろうか……」と提案した人も不安になりますよね。

講師　終わりの時間をしっかりと決めて、時間遵守を徹底することも忘れてはなりません。延々と続けたからといって、よいアイデアが出るというわけではありませんから。

Aさん　疲れてくると、みな投げやりな気持ちになってきますし、時間を決めて集中的に取り組むほうがいいですね。

講師　いうまでもありませんが、必ずファシリテーター役の人を選出しておいてください。ファシリテーターの効果的なリードがあるかないかで、会議の成果は大きく変わってきますので。

Aさん　場合によっては外部の専門家にファシリテーターをお願いしてもよいかもしれませんね。

講師　会議の最後に次回までのACTION PLAN（課題）を決めましょう。メンバー全員が"予習"しておけば、次のブレインストーミングをよりスムーズに進められるでしょうから。

STEP
2

「現状分析」で自社の強み・弱みを把握する

STEP2 1

3C分析で現状とあるべき姿を把握する

ここからは、ミクロ環境分析の手法により、自社の「現状(As-Is)」と「あるべき姿（To-Be)」について把握していきます。そのためのフレームワークとして「3C分析」を利用しましょう。

3C分析では「自社(Company)」、「競合(Competitor)」、「顧客（市場）(Customer)」の３つの環境が分析対象となります。それぞれの英語のイニシャルが全てCであることがその名称の由来です。

3C分析の目的は、競争市場の中で勝ち残るための条件を見つけ出すことにあります。言い換えれば、KSF（Key Success Factor）の抽出にあります。KSFは一般に「主要成功要因」と訳されており、つまりは目的や戦略を成功させるためのカギとなる要因のことです。

下記のように3C（自社、競合、顧客〈市場〉）には、さらにそれぞれ適した環境分析手法があります。

①自社環境分析――SWOT分析

②競合環境分析――5F分析

③市場環境分析――STP分析

①では自社の強み・弱み、機会・脅威に関して、②では競合とその状況などに関して、③では市場の環境や顧客ニーズなどに関して具体的な形でリサーチを行っていくことになります。

このうち、③STP分析 についてはSTEP 3で詳しく解説します。以下では、①SWOT分析と、②5F分析の詳細について見ていくことにしましょう。

[3C分析とは？]

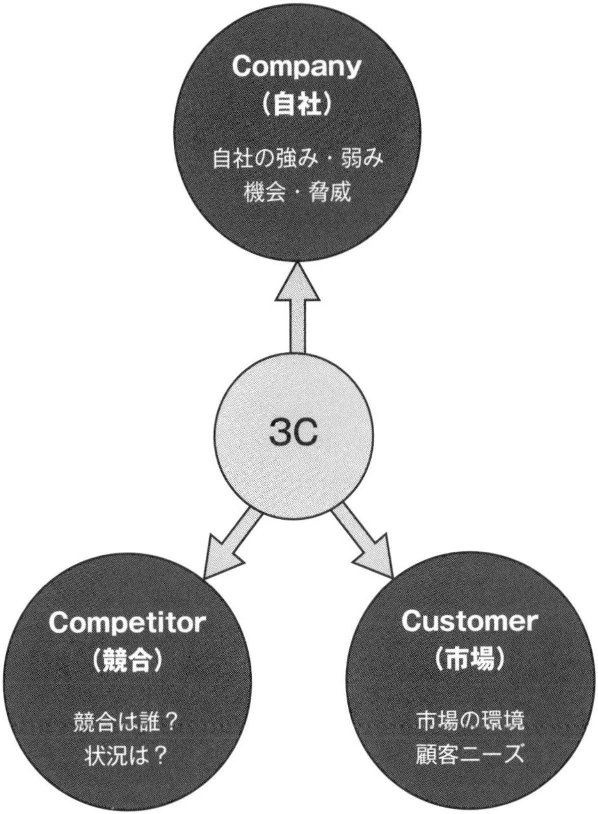
Company
（自社）
自社の強み・弱み
機会・脅威
3C
Competitor
（競合）
競合は誰？
状況は？
Customer
（市場）
市場の環境
顧客ニーズ

STEP2

2

SWOT分析で自社環境を理解する

自社の売上高やブランドイメージ、売上シェア、経営資源の特徴や技術力を知ることは、自社の全体像を冷静に把握するために大切です。こうした自社環境を客観的に分析するためのフレームワークが「SWOT分析」です。アメリカの研究者、アルバート・ハンフリーによって1960年代に開発されたといわれています。

SWOT分析では、自社を中心に内部環境である「強み（Strength）」「弱み（Weakness）」と外部環境である「機会（Opportunity）」「脅威（Threat）」の４つの要素についてチェックしていきます。具体的には、右ページにあげたように四角形を４等分した中にこれら４つの要素を配分しながら整理していきます。

たとえば「強み」としては、ヒト、モノ、カネ、情報に関して他社に対して優位にある自社リソースや、本業における実績、業界における知名度、信頼などが考えられます。

一方「弱み」の例としては、先にあげたような自社リソースが他社よりも劣っていることや、本業における実績が乏しいこと、知名度がないこと、信頼が不足していることなどがあげられます。

また「機会」の例としては、自社の事業の成長に有利に働く外部環境（社会、経済、政治、業界、市場等）の変化が考えられます。

それに対して「脅威」としては、自社の事業の成長に不利に働く上記外部環境の変化をあげることができます。

[SWOT分析]

SWOT分析のフォームにまとめる

S （強み）	O （機会）
W （弱み）	T （脅威）

某IT企業のSWOT事例

Strength（強み）

- 本業（主力既存製品）における実績
- 本業における顧客ベース
- 業界における知名度、信頼
- 優秀な社員（営業、エンジニア）
- パートナーとの良好な関係
- 強固な経営基盤、資金調達力

Opportunity（機会）

- コロナ禍で、リモートワークやデジタルトランスフォーメーション（DX）の導入が加速
- レガシーからクラウドへのトレンド変化
- 既存顧客の追加発注期待
- ターゲットセグメントである中堅企業群は莫大なポテンシャルマーケット

Weakness（弱み）

- 最近、有力な新規事業が育っていない
- 新規分野における知名度がない
- 新規分野のビジネスモデルが不明確
- 新規分野の人材、スキルが不足
- 新規分野のプロモーション予算が不足
- 新規分野の顧客、事例がない

Threat（脅威）

- IT投資の伸び悩み
- 日本企業の保守的気質
- 本格導入までに時間がかかる（製品評価、お試し期間が必要）
- 同業他社との競争激化（価格競争に巻き込まれるおそれあり）

STEP2 3

クロスSWOT分析で戦略を検討する

SWOT分析をより精緻に行う手法としては、その応用版というべき「クロスSWOT分析」があります。

クロスSWOT分析では「機会」「脅威」と「強み」「弱み」の4つを組み合わせて状況の分析を行い、戦略を立案していきます。組み合わせのバリエーションに応じて、次のような4つのタイプの戦略がありえます。

①「機会」と「強み」の組み合わせ

強みを最大限に活かして、機会を積極的に取り込んでいく(積極的攻勢)。具体的には、既存顧客に新製品を売り込み、実績をつくり、その成功事例を使って新規市場を開拓する戦略などが考えられます。

②「機会」と「弱み」の組み合わせ

弱みを補強し、機会を逃さないようにする(段階的施策)。たとえば、即戦力の人材の中途採用や、若手の研修に力を入れ、人材の強化を図り、市場拡大に備えることなどがあげられます。

③「脅威」と「強み」の組み合わせ

強みを最大限に活かして、脅威に対して防衛する(差別化戦略)。具体的な方策としては、独自のサービスを確立して他社との差別化を図り、価格競争を回避することなどが考えられます。

④「脅威」と「弱み」の組み合わせ

脅威から回避する方向を探る(戦略的撤退)。たとえば、立ち上げ段階では自社の実績のない業界(市場)には参入しない方針を立てることなどがあげられます。

［クロスSWOT分析］

		外部環境	
		機会	脅威
内部環境	強み	積極的攻勢	差別化戦略
	弱み	段階的施策	戦略的撤退

［クロスSWOT分析の事例（某IT企業）］

		外部環境	
		機会	脅威
内部環境	強み	既存顧客に新製品を売り込み、実績をつくり、その事例を使って新規市場を開拓する	独自のサービスを確立し、他社との差別化を図り、価格競争を回避する
	弱み	即戦力の人材の中途採用や、若手の研修に力を入れ、人材の強化を図り、市場拡大に備える	立ち上げ段階では自社の実績のない業界（市場）には参入しない

STEP2 4

5F分析でライバルとの競争状態を把握する

ミクロ環境を分析する際には、競合相手がどのようなサービスや商品を提供しているのかを理解し、市場の変化にどのように対応しているのかを知ることも必要となります。また、現在の競合と自社との競争状態の把握も欠かすことができません。

これらの競合環境を分析する手段としては「5F（ファイブフォース）分析」が有効です。5F分析は、５つの競争要因をもとに、自社を取り巻く産業構造について整理する手法であり、アメリカの経営学者、マイケル・ポーターによって創案されました。

５つの競争要因は①売り手、②買い手、③業界内の競合、④新規参入業者、⑤代替製品・サービスです。これらの要因をもとに業界の将来性、成長性、自社の事業の成功可能性などについて検討していきます。

具体的には、①売り手と②買い手は商品の値段に強い影響

［5F分析］

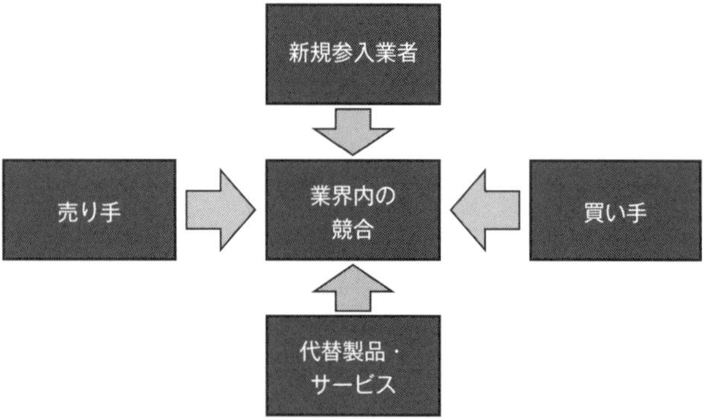

力をもっています。①売り手、すなわち商品の材料の供給業者の交渉力が強ければ「材料費の上昇＝商品の値段の上昇」を招きますし、②買い手の交渉力が強い場合には商品の値段が抑えられることになります。

また、③業界内の競合が多かったり、④新規参入業者が将来的に増えるようであれば、価格競争を強いられ利益率が低くなるおそれがあります。

さらに、⑤代替製品・サービスについてですが、これは全くの異業種からの参入が考えられます。たとえば、ファストフードの競合相手として携帯電話が考えられます。携帯電話は食べられませんが、購入者の限られたお金、時間の争奪戦という意味で、十分競合になりうるのです。このように市場に参入してくる新商品・サービスには常に広くアンテナを張って警戒しておかなければならないのです。

[モスバーガー事例]

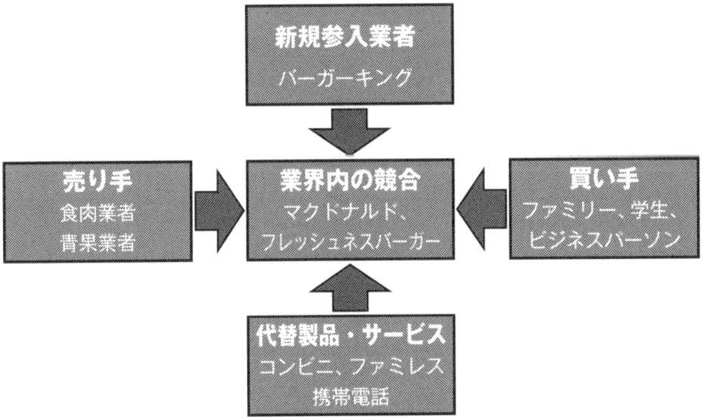

STEP2
ケース
スタディ

【ケーススタディ】

アパレル企業F社における SWOT分析

アパレル企業F社のケースを用いてSWOT分析を行います。

もともとF社は山口県にある紳士服小売店でしたが、2代目Y社長（現社長）の手腕により、現在では国内アパレル市場の4分の1を占めるトップ企業に成長しています。ちなみに売上高は30年で約400倍になっているのですが、まずはこの成長の契機となった変革について考察していきます。

世界のトップアパレル企業を見渡してみると、そのビジネスモデルは共通しています。SPA（製造小売業）と呼ばれる商品の企画から生産、販売までを、自社で一手に手がける垂直統合型のビジネスモデルを採用していることです。このビジネスモデルのメリットは大幅に中間コストをカットでき、また小ロット、短納期・短サイクルでの商品の展開が可能なことにあります。つまり、低価格で最新のファッショントレンドの商品をいち早く提供することが可能で、この『ファストファッション』と呼ばれる手法によりZARAやH&Mは巨大企業へと成長しました。

Y社長もこのSPAのビジネスモデルを採用することにより高品質・低価格の商品の提供を実現しました。ただ、同社が前述の海外巨大SPA企業と違っていたのは、ファッショントレンドを追わず、日常着用する定番商品にフォーカスした点です。老若男女を問わず、長く着用可能な「LifeWare（究極の日常着）」の提供にこだわったわけです。したがって、その機能性を高めるため化学繊維メーカーとも協力し、新素材開発にも注力しました。その結果、数々のヒット商品を生み出すことに成功したわけです。まさに、これが同社の差別化戦略であるといえます。

さて、それではここで本題である同社のSWOT（強み、弱み、機会、脅威）分析をしてみます。下図をご覧ください。

S（強み） 高品質、高機能の製品提供 （高いブランド力） SPAによる低価格の実現 国内・海外への店舗展開 盤石な財務基盤	**O（機会）** 海外展開 関連事業の多角化 他業種とのコラボ SDGsへの対応
W（弱み） 国内事業が頭打ち 中国事業のカントリーリスク カリスマ経営者への依存 季節・天候の影響を受けやすい	**T（脅威）** 新型コロナウイルスの蔓延 海外競合企業の攻勢 国内ネット企業の参入 リユース企業の台頭

まず、内部環境としての強みについてですが、SPAモデルによる低価格の実現、機能性に優れた新素材の開発や高品質製品の提供によるゆるぎないブランド力の構築、手に取って確かめられる実店舗展開、全ての成長を支える盤石な財務基盤をあげることができます。

反対に弱みについてですが、国内の売上が頭打ちである点、また現在順調に売上を伸ばしている中国市場についても、政治体制上のリスクがある点、さらにファッション産業の特性上、売上が季節や天候に左右される点等をあげることができます。また、カリスマ経営者の後継者問題も今から準備する必要があると思われます。

次に外部環境としての機会について、特に中国の成功事例によるほかのアジア圏への積極展開（生産国というより消費国として)、アパレル関連事業への展開(特にSDGs関連)、他業種とのコラボ等があげられます。

最後に脅威については、なんといってもwith コロナの環境があげられますが、すでに同社では無人レジの採用、オムニチャネルとしてのネット販売事業の展開と手を打っています。また、競合他社の進出もあり激化が予想されますが、同社の「LifeWare(究極の日常着)」のコンセプトは強力な差別化戦略として今後とも有効であると思われます。

STEP 3

「ターゲット顧客と提供価値」を設定し競合と差別化をする

STEP3

1 セグメンテーションにより市場を細分化する

STEP 3では、新規事業の「あるべき姿（To-Be)」を市場環境分析を通じて明らかにしていきます。そのために用いるフレームワークが「STP分析」です。

STP分析では⑴セグメンテーション（Segmentation)、⑵ターゲティング（Targeting)、⑶ポジショニング（Positioning）の3つのプロセスを通じて、自社が誰に対してどのような価値を提供するのかを明確にしながら、市場における優位性を確立するための方策を探っていきます。以下では、⑴から⑶の中身について順に確認していきましょう。

まず⑴セグメンテーションのプロセスでは、顧客の特性（ニーズ）に応じて市場を細分化していきます。一般には、以下のような切り口（変数）から市場のグループ分けを行うことになります（B to Cビジネスの場合の例)。

①地理的変数

世界の地域や国、都市部・郊外、行政府の規模、人口密度、気候など

②人口動態的変数

年齢、性別、家族の人数、家族のライフサイクル、収入、職業、学歴、宗教、人種、国籍など

③心理的（サイコグラフィック）変数

社会階層、ライフスタイル、性格など

④行動上の変数

使用機会、求めるベネフィット（品質、サービス、経済性等)、使用者のタイプ、使用頻度、ロイヤリティ、製品に対する態度など

[セグメンテーション]

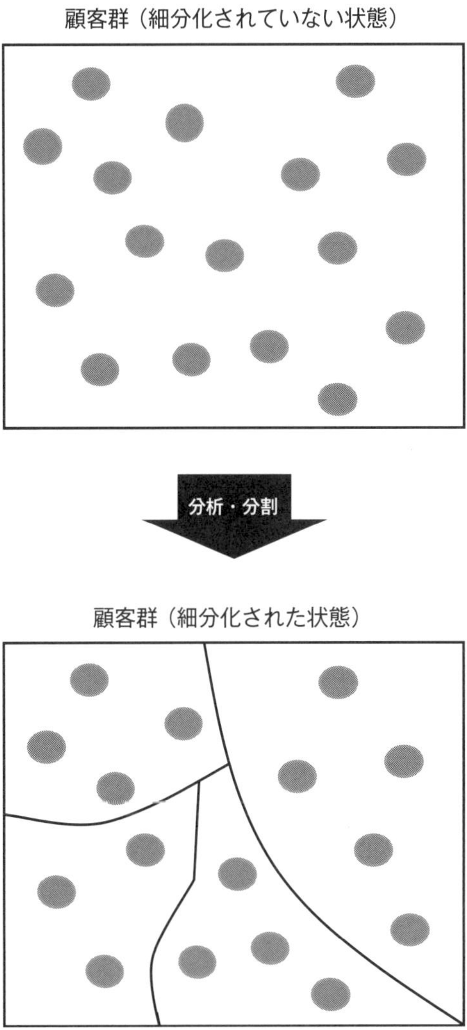

STEP3

2 ターゲティングにより市場を絞り込む

セグメンテーションの作業を通じて、同じニーズや性質をもつ固まりとしてとらえられた市場もしくは顧客の集団を「セグメント」といいます。(2)ターゲティングは、複数あるセグメントの中からどのセグメントをターゲットとして選ぶのかを決定するプロセスです。このターゲットセグメントを絞り込む作業を通じて、ユーザーニーズがより鮮明に浮き彫りになることが期待できます。

ターゲティングの具体的な流れとして、まずは個々のセグメントの評価を行います。セグメントの主要な評価要因としては以下の要素があげられます。

①規模と成長性

セグメントが自社にとって適正な市場規模であるか、成長性は十分あるかなどを評価します。

②構造的魅力

前述した5F分析で示した競争要因等によって収益性を評価します。たとえば、セグメントにすでに強力で攻撃的な競合他社が存在するような場合には魅力が乏しいと判断されることになります。

③企業の目標と経営資源

セグメントに適切な規模と成長性があり構造的に魅力があったとしても、自社の長期的な目標に合わなかったり、成功するために必要となるスキルや経営資源がなければそのセグメントへの進出を断念しなければなりません。

以上のような評価要因からセグメントの評価を行った後に、新規事業のターゲットとする市場（標的市場）を選択します。

[3つのターゲティング方法]

【1】被差別型マーケティング
１つのマーケティングミックスで、市場全体をターゲットとするアプローチ

【2】差別型マーケティング
複数のセグメントに対し、それぞれ異なるマーケティングミックスを適用するアプローチ

【3】集中型マーケティング
特定のセグメントに特化し、そこに全てのマーケティングミックスを集中していくアプローチ

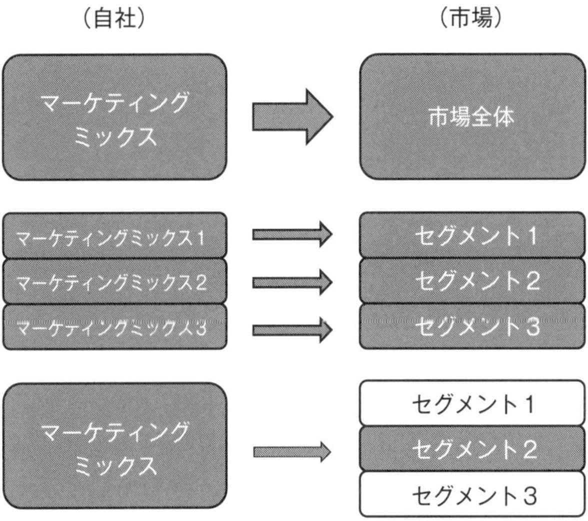

※マーケティングミックス…P86、P87で紹介する4P戦略のこと。

STEP3 3

段階的ターゲティングでセグメントを広げていく

ターゲティングの手段としては、複数の段階に分けてアプローチしながらセグメントを広げていく「段階的ターゲティング」も有効です。

まず、第一段階では既存顧客に売り込んでレファレンスユーザーになってもらうよう努めます。

レファレンスユーザーとは、他のユーザーがその行動を見習う対象となるユーザーのことです。たとえば、ある業界で新規のシステムを導入する場合、最大手の企業が導入してから二番手以下の企業が続くケースがしばしば見られます。この場合、その最大手（最初）の企業がレファレンスユーザーということになります。

次に、第二段階では上記実績をベースに上記ユーザーと同業の他セグメント（中堅企業など）へアプローチしていきます。つまり「最大手の○○社に導入して頂きました。御社でもいかがでしょうか」などと実績をアピールしながら、同業他社へ積極的に営業を展開していくわけです。

第三段階ではさらに他業界の新たなセグメントへアプローチしていきます。ターゲティングの具体的な形としては「これまでとは異なる商品・サービスを取り扱う」「B2BからB2Cへと広げる」などが考えられます。

アマゾンを例にすれば、同社は書籍のEC事業（第一段階）からあらゆる商品のEC事業へとターゲットを広げていき（第二段階）、そこからさらに音楽・映画配信事業、法人向けクラウド事業、法人向けEC事業へと展開しています（第三段階）。

[段階的ターゲティング]

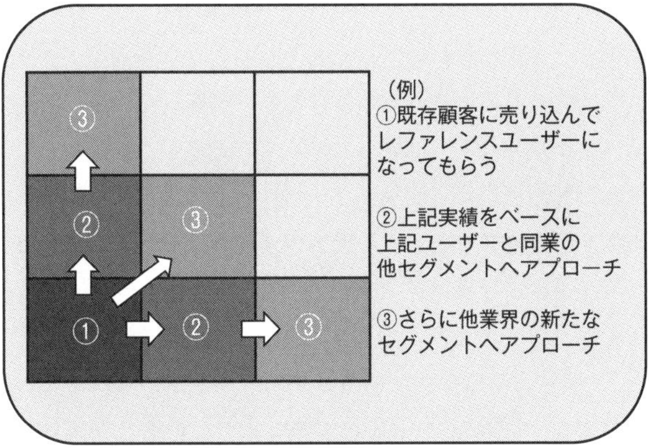

アマゾンの事例

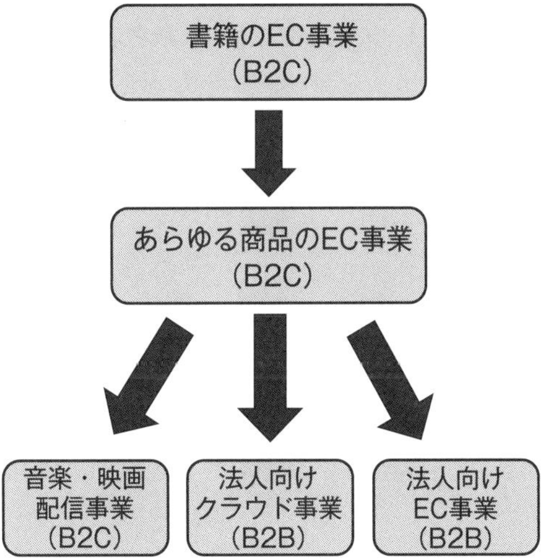

STEP3

4 顧客への提供価値を明確にする

STP分析では「顧客への提供価値」について十分に検討することが求められます。そもそも、いかなる商品・サービスもなんらかの価値があるからこそ、顧客はそれらにお金を払って手に入れようとするわけです。そうした観点からすれば、自社が提供する商品・サービスにどのような価値があるのかを明確にすることは、顧客のニーズを正しくとらえるうえで不可欠になるはずです。

顧客への提供価値を検討する際には「誰に提供するのか」「何を提供するのか」という2つの視点が求められることになります。「誰に」を明確にすることで「何を」が具体化することもありますし、逆に「何を」を具体化することで「誰に」が明確になることもあります。その意味では、両者は不可分の関係にあるといえます。また、両者のうち「誰に提供するのか」という点を明らかにするのが、前述のセグメンテーションとターゲティングのプロセスになります。一方、「何を提供するのか」という点に関しては、提供するものの価値を①機能的価値、②心理的価値、③経済的価値の３つの要素に分けて検討していきます。

①機能的価値とは、商品・サービスの実際の機能やスペックであり、②心理的価値は商品・サービスがもたらす満足感や優越感、③経済的価値は商品・サービスによって得られる経済的メリットです。プロローグでも触れたように消費者の価値観が「モノ」消費から「コト」消費へと移行していることに伴って、近年は①機能的価値よりも、②心理的価値、③経済的価値の比重が高まっているといえます。

[3つの価値]

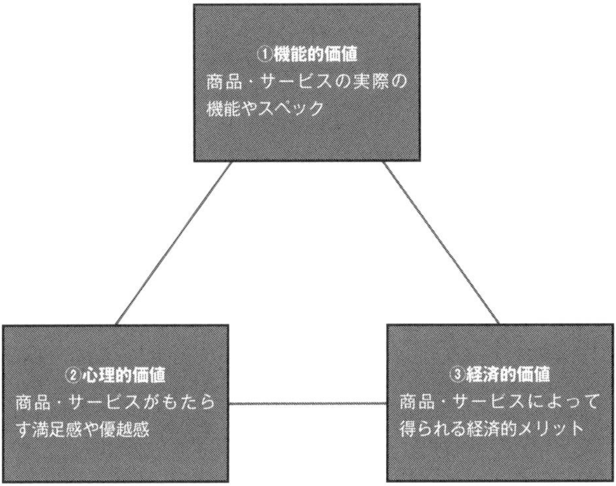

アップルのMacBook（PC）の事例

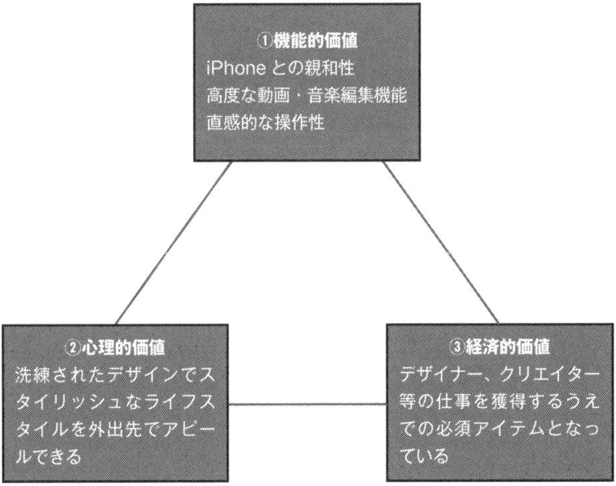

STEP3 5

ポジショニングにより提供価値の差別化を図る

STP分析の最後のプロセスである(3)ポジショニングは、競合製品と差別化して顧客へアピールできるような自社の商品・サービスの提供価値を決定する作業になります。

言い換えれば「カップラーメンは○○でなければダメだ」「味噌は○○と決めている」などというように顧客の心の中に明確なポジションを得ること、提供する商品・サービスの価値をはっきりと位置づけることといえます。

具体的な流れとしてはポジショニングが可能なコンセプトを特定し、コンセプトの選択と開発を進めていくことになります。その際、右ページにあげたような「ポジショニングマップ」を活用します。

ポジショニングマップでは、(顧客の視点から) 2つの顧客ニーズを縦軸、横軸にとります。その両軸を組み合わせながら、新たに開発する商品・サービスが競合に比べて競争優位に立てるポジションを探っていきます。

たとえば飲食店であれば、右ページに示したように「料理が高級かカジュアルか」を縦軸に、「居心地がよいかよくないか」を横軸に選び、既存の飲食サービスや自社が新規に行おうとしているサービスを位置づけていきます。そして、自社が提供するサービスが競合と差別化できるだけの価値をもっているか否かを詳細に検討していきます。

ポジショニングを効果的な形で行うコツとして、その商品・サービスに顧客が魅力を感じるか、競合が気づいていないか、自社が提供できる商品・サービスなのかといったポイントを意識しておくとよいでしょう。

[ポジショニングマップ]

外食産業の事例

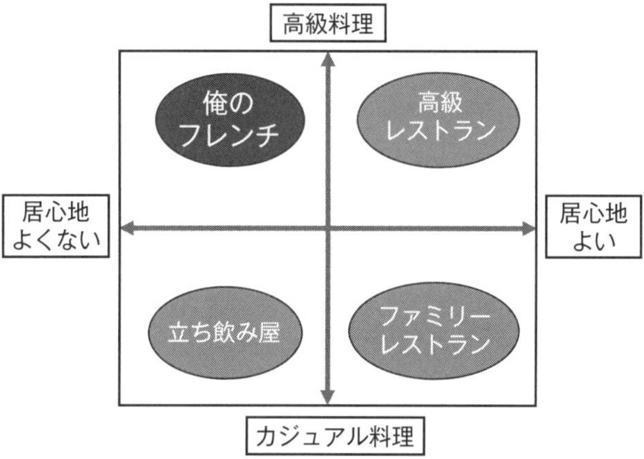

ファストファッション業界の事例

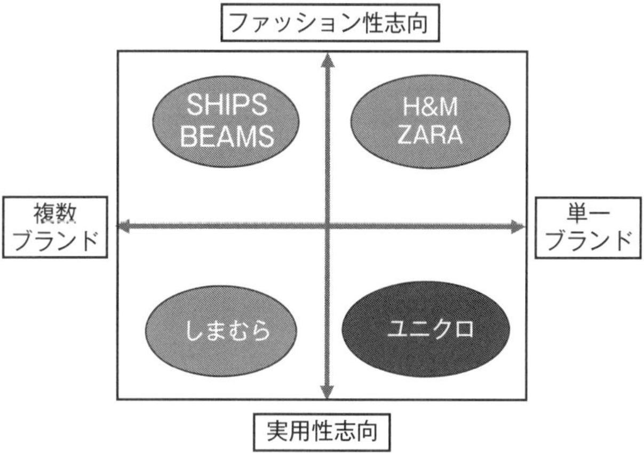

STEP3 ケーススタディ

【ケーススタディ】

パーソナルトレーニングジム R社におけるSTP分析

パーソナルトレーニングジムのR社のケースを用いて、STP分析を行います。

同社のパーソナルトレーニングビジネスは、2012年にS社長が自身の体験をもとに、現在の企業理念である「人は変われる」を証明するためスタートした事業です。当初、知名度も実績もない状況でしたが、有名人を起用し「結果にコミット」というキャッチフレーズとともにビフォー・アフターの体型をセンセーショナルに見せたCMを流したことで、一気に会員数を増やしていきました。開始３年目で売上100億円を突破し、その後、他事業へと多角化を進めたことで2019年度の連結売上高は2000億円に達するまで急成長を遂げてきました。

R社の事業は一見、富裕層に対する高額のフィジカルトレーニングビジネスととらえがちですが、実際のターゲットとポジショニングは全く違います。事実、当初彼らも富裕層に的を絞ってマーケティングを行いましたが、期待した結果が得られず、すぐに広く一般人を対象にしたCM広告に切り替えています。

多くの人は「やせたい」「かっこいい体型になりたい」と思う気持ちはあってもそれを継続する強い意志が持てず、いわゆる「三日坊主」で終わってしまい、諦めモードになっています。「結果にコミット」という力強いメッセージとともに、高額とはいえ返金制度も用意することで安心感と信頼感を高め、「三日坊主」セグメントに所属する多くの人々の心をつかんだわけです。これをSTPのポジショニングマップに描くと下図のようになります。

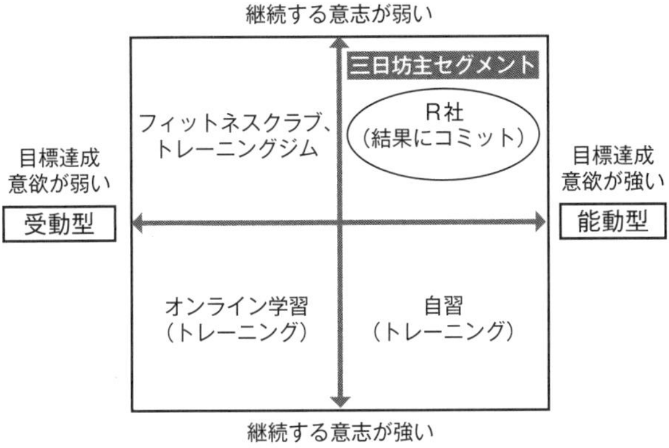

したがって、R社の競合会社は従来のフィットネスクラブやトレーニングジムではありません。R社は「三日坊主セグメント」の人々に対して、目標達成をコミットするコーチング事業を開発したのです。それゆえ、彼らはトレーニングジムとは全く関係ない英会話、ゴルフ、料理教室といった事業へ、「人は変われる」「結果にコミット」という同様のコンセプトのもとで進出することができたのです。

STEP 4

３つのフレームワークを活用し「事業戦略」を練る

STEP4
1 4P戦略で売れる仕組み作りを考える

ここまで、SWOT分析やSTP分析などの手法を使って、自社の「現状（As-Is)」と「あるべき姿（To-Be)」について把握してきました。STEP 4では、それらの分析結果をもとに、事業戦略を練っていきます。前述のように、「戦略」は、「現状」と「あるべき姿」のギャップを埋めるための方策です。

事業戦略の主な選択肢としては4P戦略、成長戦略、競争戦略があげられます。このうち新たに開発した商品・サービスを宣伝・販売していくうえで最も重要な核となるのが「4P戦略」です。

4P戦略は、「製品（Product)」「価格（Price)」「チャネル（Place)」「販促（Promotion)」の4つの「P」の要素からマーケティング戦略を、すなわち売れる仕組み作りを考えていくフレームワークです。

トヨタの新型プリウスを例にすれば、右ページの図で示したように「製品戦略」については燃費向上、運転性能向上などが、「価格戦略」についてはコストプラス（ボリュームゾーン向けの価格設定）が、「チャネル戦略」についてはトヨタ販売店網による販売が、「プロモーション戦略」についてはテレビCM、新聞・雑誌広告などが4P戦略として具体的に実施されているといえます。

次ページ以降では、4Pそれぞれの中身について、すなわち「製品戦略」「価格戦略」「チャネル戦略」「プロモーション戦略」の内容やポイント、注意点などについて詳しく見ていきましょう。

[4P戦略]

4P戦略

Product （製品）	**Price** （価格）
Place （チャネル）	**Promotion** （販促）

新型プリウスの事例

Product 燃費向上 運転性能向上 安全性向上 デザイン性向上	**Price** コストプラスによる 価格設定
Place トヨタ販売店網による 販売	**Promotion** TVCM 新聞・雑誌広告 Webマーケティング

STEP4 2

4P戦略① 製品戦略により4つの目的を実現する

コトラーは、「製品」を「ニーズとウォンツを満足させるため、注目（attention)、取得（acquisition)、使用（use)、消費（consumption）を目的として市場に提供されるもの」と定義しています。製品戦略はこれら４つの目的を実現する製品を提供することを目指すものであり、より具体的には(1)製品開発戦略と(2)プロダクトミックス戦略、(3)プロダクトライフサイクル（PLC）戦略、(4)ブランディング戦略の４つがあげられます。

(1)製品開発戦略は製品作りのプロセスで求められる戦略であり、素材・仕様の検討から特許・商標等の知的財産権の確保まで多様な要素を含みます。

(2)プロダクトミックス戦略とは、市場に最適なプロダクトミックス（売り手側の提供するラインやアイテム全ての組み合わせ）を策定することにより、競争上の優位性を確保する戦略です。プロダクトミックスの要素としては①幅（プロダクト・ラインの数)、②長さ（全アイテム数)、③深さ（プロダクトごとの種類)、④一貫性（それぞれのプロダクトラインにおける関連性）などがあります。

(3)プロダクトライフサイクル（PLC）戦略は、製品のライフサイクルに応じてマーケティングの手法を変えていくやり方です。右ページに示したように大きく、導入期、成長期、成熟期、撤退期の４段階で考えていきます。

(4)ブランディング戦略は製品のブランド力向上を図る戦略です。ブランドイメージを高める方法としては一般にロゴ、シンボル、キャラクターなどが用いられます。

［製品戦略立案プロセスとプロダクトライフサイクル戦略］

製品戦略立案プロセス

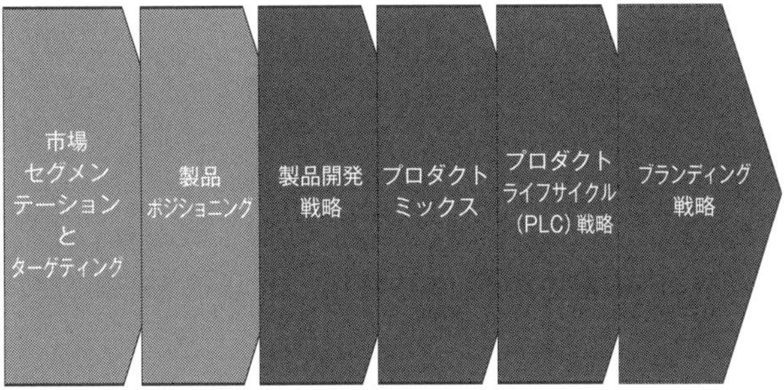

プロダクトライフサイクル（PLC）戦略

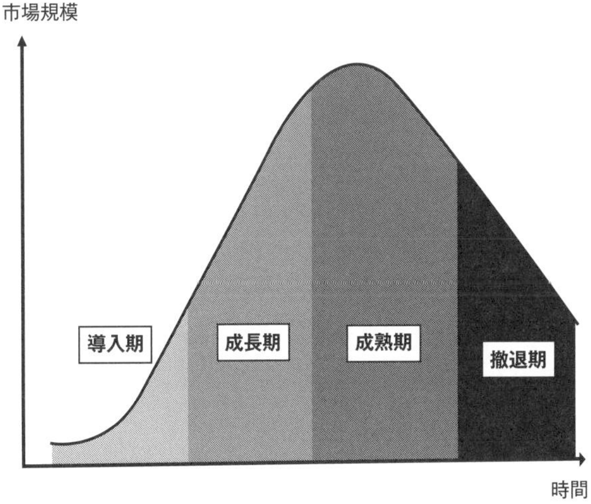

STEP4
3
4P戦略②　価格戦略では適正な製品の価格を設定する

価格戦略では「製品の価格をいくらに設定するか」について検討します。価格設定は製品の売れ行きに、ひいては新規事業の成否に最も大きな影響を及ぼす要因の1つといえるので、細心の注意が求められることになります。

具体的な価格の決め方には大きく2つのアプローチ法があります。

⑴新製品導入期の価格設定方法として、①市場浸透価格（ペネトレーション・プライシング）と②上澄み吸収価格（スキミング・プライシング）を用いる方法が考えられます。右図をご覧ください。

①市場浸透価格戦略は、市場シェアを獲得するため製品の価格を低価格に抑える戦略です。つまり、ボリュームゾーン向けの価格設定法になります。これに対し②上澄み吸収価格戦略は製品差別化により競合が少なく、初期段階で早期に資金を回収する必要がある場合にとられる戦略であり、高価格帯の価格設定方法になります。

⑵もう1つの価格設定法についてお話しします。こちらのほうがより一般的に（導入期に限らず）使用されていますが①コストプラス、②競合比較、③バリュープライシングという3つのタイプから構成される価格設定方法です。各タイプの内容については右ページの説明をご覧ください。

[価格の設定方法]

（1）製品導入期の価格設定法

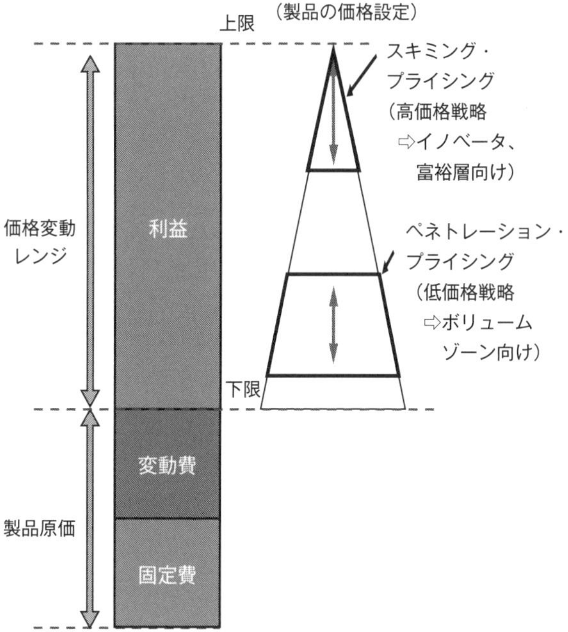

（2）一般的な価格設定のアプローチ法

価格設定法	内容
コストプラス	製品原価に一定の利益率を加えて算出する方法
競合比較	競合製品の価格を基準に価格を設定する方法
バリュープライシング	顧客への提供価値から価格設定を行う方法

STEP4

4

4P戦略③　チャネル戦略ではマルチチャネルを活用する

チャネル戦略では「チャネル」すなわち開発・製造した製品を顧客に届けるまでの販売網、流通網の構築について考えていきます。

チャネル戦略を検討するうえでは、目下、チャネルのあり方が多様化、細分化の傾向を強めていることを意識しておく必要があります。

従来はチャネルというと、代理店やVAR（Value-added-reseller＝付加価値再販業者）といったパートナー企業のことを指すのが一般的でした。しかし、現在では①直販、②販売パートナー、③コールセンター、④インターネットといった顧客との複数の接点全てが対象となっており、「マルチチャネル」もしくは「オムニチャネル」といった言葉で呼ばれています。そして、これらの複数のチャネルが1つのシステムを介してデータ連携し、シームレスに統合されることにより、営業の生産性を飛躍的に向上させているのです。

その具体的なイメージを示すと右ページにあげた図のような形になります。ここでいちばん大切なことは「顧客ファースト」の仕組みであるという点です。つまり、顧客がどのチャネルに接しても過去の商談履歴が売り手側で常に共有されており、再度説明し直すことなく、スムーズに商談を進められるという点にあります。一方、本部レベルにおいても現場で行われている商談の進捗が全てリアルタイムで把握できるため、タイムリーに効果的な支援を行うことが可能となるわけです。

[マルチチャネル戦略]

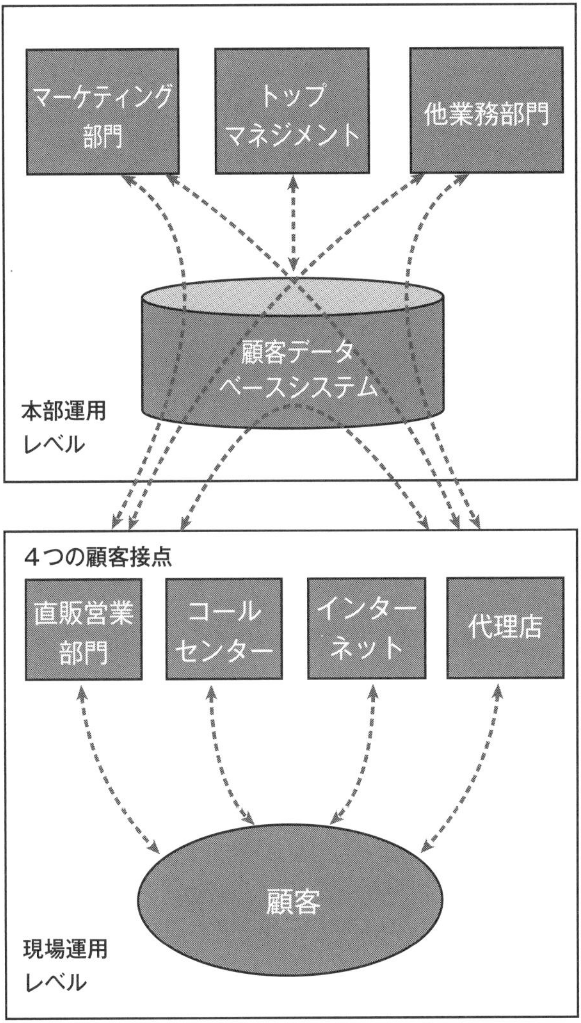
マーケティング
部門
トップ
マネジメント
他業務部門
顧客データ
ベースシステム
本部運用
レベル
4つの顧客接点
直販営業
部門
コール
センター
インター
ネット
代理店
顧客
現場運用
レベル

STEP4 5

4P戦略④ プロモーション戦略ではAIDMAモデルを意識する

プロモーション戦略（販促戦略）は、製品の情報を合理的・効果的に伝達し顧客に購買行動を起こさせることを目的とした戦略です。

プロモーションの具体的な方法としては①広告、②パブリシティ、③販売促進、④人的販売、⑤口コミがあげられます。プロモーション戦略ではこれらの販促手段の効率的な組み合わせを策定することが求められます。

また、販促活動に関しては消費者の心理をつかむポイントの1つとしてAIDMA（アイドマ）モデルが知られています。

AIDMAは、「Attention（注目）→ Interest（興味）→ Desire（欲望）→ Memory（記憶）→ Action（行動）」の頭文字をとったもので、アメリカの経営学者ローランド・ホールによって提唱されました。プロモーションを行う際には、このような消費者の購買プロセスを想定しておくことが有用です。AIDMAモデルの実際の利用方法の例をあげると、まず①テレビCM（広告）によって製品を認知させることで消費者の「注目」を集めます。次に②パブリシティによって商品の理解を促すことで「興味」を引き起こします。さらに、③イベント開催（販促）によってニーズ（欲望）を喚起します。それから、④ツイッター等のSNS（口コミ）によって購買意欲をさらに向上させ、商品の「記憶」への定着を図ります。そして⑤店頭での販売員（人的販売）による「購買行動」の促進によって最終的に購入へとつなげていくわけです。

[AIDMAモデル]

AIDMAモデル

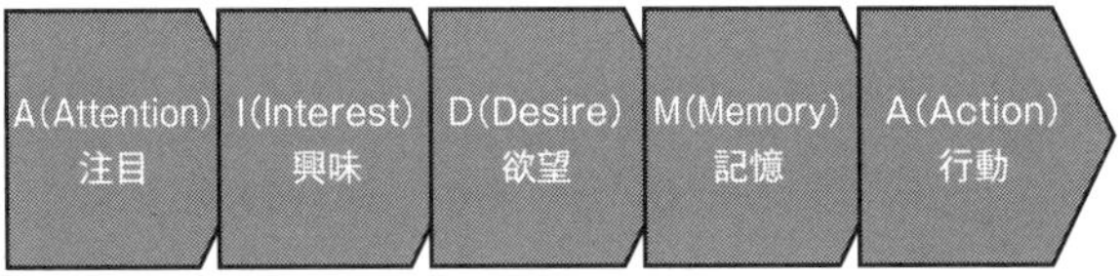

消費者の購買プロセス例

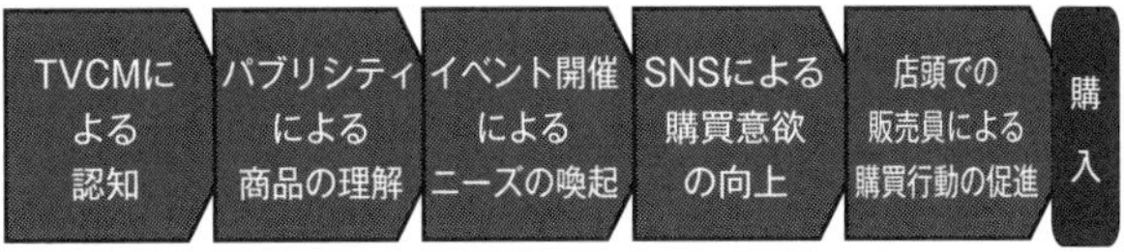

プロモーション戦略	内容
広告(有償)	テレビ、ラジオ、新聞、雑誌、看板、デジタルサイネージなど（有償）
パブリシティ(無償)	テレビ（ニュース）、新聞・雑誌（記事）、インターネット（記事）など（無償）
販売促進	販売デモ、POP、サンプル配布、ポイントカード、値引き、バックリベートなど
人的販売	店頭販売、訪問販売
ロコミ	口頭、Eメール、ブログ、SNS拡散など

STEP4

6 成長戦略で事業を拡大していく

４Ｐ戦略によって新規事業を定着させることに成功したら、さらなる成長・拡大を目的とした戦略を策定することが必要となります。その際に、活用を勧めたいのがアメリカの経営学者イゴール・アンゾフによって提唱された「成長マトリックス」です。

成長マトリックスは、右ページに示したように事業の成長を「製品」と「市場」の２軸から把握しようとするものです。それぞれの軸はさらに「既存」と「新規」に分けられ、①市場浸透、②市場開拓、③新製品開発、④多角化という４つの成長の方向性が示されます。それぞれの概要は以下のとおりになります。

①市場浸透

既存の市場に既存の製品を投入していく。

②市場開拓

新規の市場に既存の製品を投入していく。

③新商品開発

既存の市場に新規の製品を投入していく。

④多角化

新規の市場に新規の製品を投入していく。

たとえば大手IT企業「楽天」は、これら①から④の戦略を展開することにより着実な成長を遂げてきました。すなわち、同社はまずECサイト「楽天市場」を一般消費者に浸透させ（①)、次にグローバル市場を開拓し（②)、それから電子書籍や音楽配信などの新商品を開発し（③)、そして楽天証券や楽天銀行を設立し多角化を図ったのです（④)。

[アンゾフの成長戦略と楽天の成長戦略事例]

アンゾフの成長戦略

(製品)			
	新規	③新製品開発	④多角化
	既存	①市場浸透	②市場開拓
		既存	新規
		(市 場)	

楽天の成長戦略事例

(製品)			
	新規	電子書籍 音楽配信	楽天証券、楽天銀行 設立
	既存	楽天市場 (ECサイト)	グローバル 市場展開
		既存	新規
		(市 場)	

STEP4

7 競争戦略で競合に打ち勝つ

新規事業を市場に定着させ成長していくためには、競合との競争に打ち勝っていくことも必要になります。競合の分析に関してはその具体的な手法として先に5F分析を紹介しましたが、その創案者であるポーターは５つの競争要因の圧力から自社を守り、競争優位性を築くための「競争戦略」についても説いています。

すなわち、ポーターは右ページの図に示したように縦軸に戦略ターゲットの幅を、横軸に競争優位のタイプをとり、広いターゲットに関しては「低コスト」「差別化」それぞれの要素に応じて①コストリーダーシップ戦略と②差別化戦略という異なる戦略をとることを勧めています。また、狭いターゲットに関しては③集中戦略の活用を促しています。

まず①コストリーダーシップ戦略とは、低コスト体質を実現することによって業界内の競合他社よりも低価格で製品やサービスを提供する戦略です。

また②差別化戦略とは、機能面等において付加価値のある製品・サービスを開発・提供して競争上の優位性を確保する戦略です。

さらに③集中戦略とは、製品・サービスを特定の地域や顧客層などのセグメントに集中して投入する戦略です。集中戦略の結果、選ばれたセグメントにおいてコスト優位や差別化などを確立することが期待できます。

自動車業界を例にすれば、トヨタ自動車は①コストリーダーシップ戦略を、本田技研工業は②差別化戦略を、スズキは③集中戦略を採用しているといわれています。

[ポーターの競争戦略と自動車業界の例]

ポーターの競争戦略

<table>
<tr><th></th><th>低コスト</th><th>差別化</th></tr>
<tr><td>広い
ターゲット</td><td>コスト
リーダーシップ
戦略</td><td>差別化戦略</td></tr>
<tr><td>狭い
ターゲット</td><td colspan="2">集中戦略</td></tr>
</table>

自動車業界の競争戦略

<table>
<tr><th></th><th>低コスト</th><th>差別化</th></tr>
<tr><td>広い
ターゲット</td><td>コスト
リーダーシップ
戦略
トヨタ自動車</td><td>差別化戦略
本田技研工業</td></tr>
<tr><td>狭い
ターゲット</td><td colspan="2">集中戦略
スズキ</td></tr>
</table>

STEP4
8
PLC戦略ではPPMを意識する

前述したプロダクトライフサイクル（PLC）戦略に関連するフレームワークの１つに、プロダクト・ポートフォリオ・マネジメント（PPM）があります。

PPMは、戦略的観点から企業の経営資源の配分の優先順位を決めたり戦略目標を策定したりする経営・管理手法であり、ボストンコンサルティンググループ（BCG）によって提唱されました。右ページに示したように「相対的マーケットシェア（市場占有率）」を横軸に、「市場成長率」を縦軸にとり、製品を以下の４つのカテゴリに分類してそれぞれに適した事業展開を検討していきます。

①問題児

成長を促すために今後大きな投資が必要となる製品。

②花形

高い成長率が見込める製品だが、シェアの維持・拡大のため相応の投資を行わなければならない。

③金のなる木

市場占有率が高く、大きな収入源となる製品。

④負け犬

成長率も市場占有率も低く、撤退の検討が必要な製品。

PLCのプロセスにしたがって製品は①から④へと推移していきます。すなわち、①導入期では問題児として参入し、②成長期には花形として成長します。そして、③成熟期には金のなる木として収益に貢献し、④撤退期には負け犬となるので、エグジットを考えなければならなくなるわけです。

[ボストンコンサルティンググループのPPM]

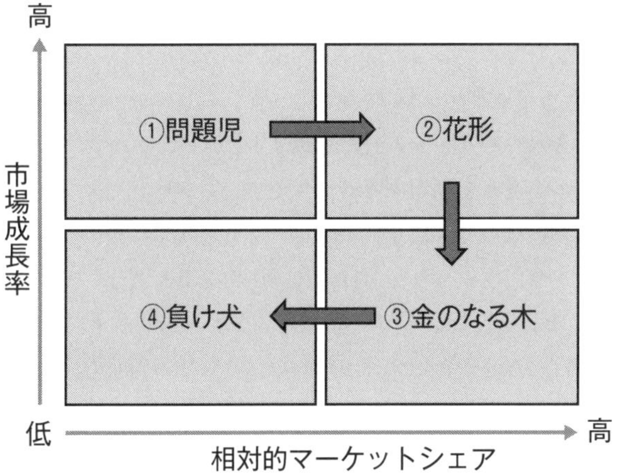

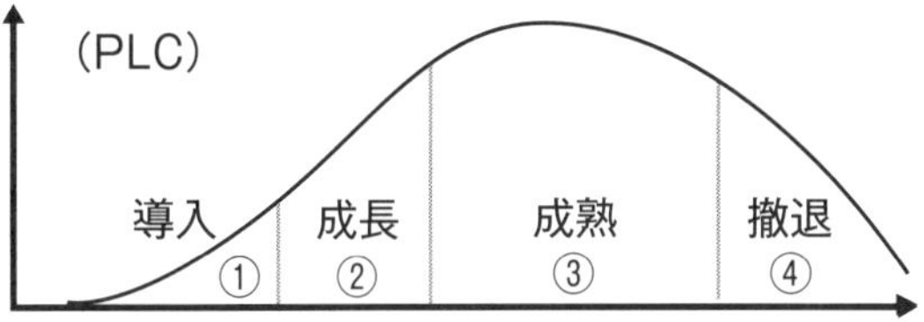

	導入期	成長期	成熟期	撤退期
売上	低水準	急成長	低成長	低下
利益	ほとんどなし	低い	高い	低いかゼロ
競合	ほとんどなし	増加	減少 安定	減少

STEP4
9
PLC戦略ではキャズムにも注意を払う

一般に、新規事業の対象となる顧客は①「イノベーター(Innovators)」、②「アーリーアダプター(Early Adopters)」、③「アーリーマジョリティ（Early Majority)」、④「レイトマジョリティ(Late Majority)」、⑤「ラガード（Laggards)」という５つのタイプに分けられます。①イノベーターは新しいものを進んで採用する人たちです。②アーリーアダプターは流行に敏感で、自ら情報収集を行い判断するグループです。③アーリーマジョリティは①、②に比べると慎重ですが平均よりは早く新しいものを取り入れます。④レイトマジョリティはどちらかといえば懐疑的な人たちで、周囲の大多数が購入したり試したりしているのを見てから同じ選択をします。最後の⑤ラガードは最も保守的なグループです。流行や世の中の動きに関心が薄く、新製品には定着するまで手を出しません。PLC戦略では、主たる対象顧客として「導入期」ではイノベーターとアーリーアダプターが、「成長期」ではアーリーマジョリティが、「成熟期」ではレイトマジョリティが、「衰退期」ではラガードが想定されることになります。それぞれの市場全体における割合は2.5%、13.5%、34%、34%、16%といわれています。

そして、イノベーターとアーリーアダプターで構成される初期市場と、アーリーマジョリティやレイトマジョリティによって構成されるメインストリーム市場との間には容易に越えられない深い溝（キャズム）が存在すると考えられています。このキャズムをいかに克服するかが新規事業成功の大きなカギを握ることになるわけです。

[プロダクトライフサイクルとキャズム]

プロダクトライフサイクル（PLC）とキャズム

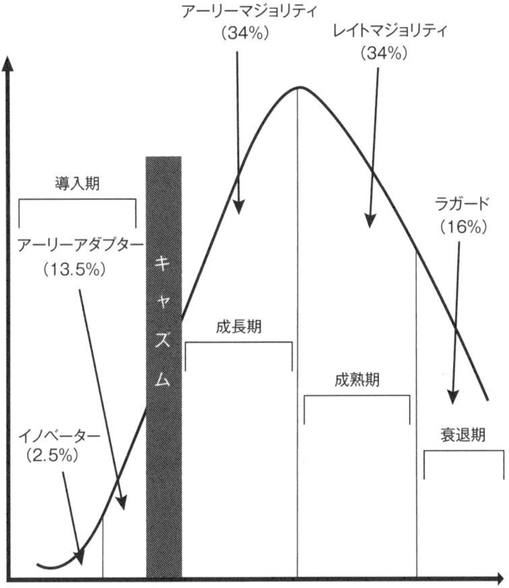

PLC	導入期		成長期	成熟期	衰退期
競合	なし or 極めて少数	深く大きな溝	競合増加	競合安定	競合の減少 （撤退）
とるべき 戦略	市場開拓		市場シェア拡大	シェアの防衛	効率化、合理化

STEP4 トライ

ソフトウェア業界に対して4P戦略を適用しよう！

講師　Aさん、こんにちは。おや、Bさんもいらっしゃる、お久しぶりですね。

Bさん　ご無沙汰しておりました。その後、新規事業の立ち上げは順調に進んでおり、今は新製品の技術資料関係のローカライゼーション（日本語化）の段階に入っています。そこで、今日はマーケティング戦略、特に4P戦略の具体的な策定の仕方について教えていただきたいと思って参りました。

講師　そうですか。では、ソフトウェア業界を例にして検討していきましょう。まずは「Product（製品）」から考えてみましょうか。

Bさん　ソフトウェアの場合、製品を単品売りするのではなく、いくつかの製品・機能を組み合わせ、さらに導入コンサルティングサービスを加えたセット商品として提供価値を高めることが有効な戦略になると思いますが、いかがでしょうか?

講師　なるほど。では、「Price（価格）」についてはどうでしょうか。

Bさん　製品とサービスを組み合わせることにより、他社との差別化を図り、バリュープライシングにて提供することが考えられます。

Aさん　松・竹・梅のように、非常にわかりやすい価格体系でセット商品価格を提示してみるのも面白いですね。

講師　お二人ともすらすらと出てきますね。どうやら、私が出る幕はなさそうです。それでは、「Place（チャネル）」はどうでしょうか。

Bさん うーん。いろいろな戦略が考えられますが……。ありすぎて絞るのが難しいなあ。

講師 市場セグメントごとに検討するのはどうでしょうか。たとえば、大企業、中堅企業、中小企業の3つに分けて。

Bさん なるほど、大企業であればコンサルファームと、中堅企業であれば業種特化型ベンダーと協業するのが良策といえそうです。また、中小企業についてはあえて初期段階ではフォーカスしないという選択肢もありえます。

講師 最後は、「Promotion（販促）」です。具体的な方法をいくつかあげてみてください。

Bさん パンフレットやちらしなどの営業ツールの作成やセミナーなどイベントの開催……。

Aさん それから、広告、プレスリリース、販促キャンペーンなども考えられますね。

Product（製品）

製品を単品売りするのではなく、いくつかの製品・機能を組み合わせ、さらに導入コンサルティングサービスを加えたセット商品として提供価値を高める

Price（価格）

製品とサービスを組み合わせることにより、他社との差別化を図り、バリュープライシングにて提供する。
また、松・竹・梅のように、非常にわかりやすい価格体系でセット商品価格を提示する

Place（チャネル）

市場セグメントごとにチャネル設定
1. 大企業――コンサルファームと協業
2. 中堅企業――業種特化型ベンダーと協業
3. 中小企業
――初期段階ではフォーカスしない

Promotion（販促）

1. 営業資料作成
（パンフレット、ちらし、ユーザー事例）
2. 各種イベント開催
（セミナー、データショー等）
3. 広告、プレスリリース
4. 各種販促キャンペーン
（社内、パートナー向け）

【ケーススタディ】
電気自動車（EV）メーカー T社における4P戦略

T社は2003年にカリフォルニア州のサンカルロスで起業したシリコンバレー初の自動車メーカーであり、2008年に高級スポーツEVである「ロードスター」を販売。2012年に高級EVセダン「モデルS」、そして2016年には低価格・量産型のEV「モデル3」を発表し、今では世界最大の電気自動車（EV）メーカーとしての地位を確立しています。株価も2021年末には一時、時価総額1兆ドルを超えました。その急成長を支える破壊的な製造、販売、メンテナンス、マーケティング手法により、今や自動車産業における革命的ブランドアイコンとなっています。

それでは、販売台数でトヨタ自動車の数分の1にすぎないT社がこれほどまでに評価される理由について考察してみます。

まず、彼らは事業目的を単に自動車を生産・販売することではなく「クリーンエネルギーのエコシステム」を構築することにあると定義している点があげられます。具体的には「スーパーチャージャー」等により太陽光発電を行い、「蓄電池」でエネルギーを蓄え、「EV」でエネルギーを消費する循環型の脱炭素事業を目指し、実現してきている点です。

また、自動車業界で次世代カーのコンセプトといわれる「CASE」を最も体現しているメーカーであることも見逃せません。ちなみに「CASE」とは、Connected（オンライン接続）、Autonomous（自動運転）、Shared & Service（カーシェアリングやライドシェア）、Electric Vehicle（電気自動車）の頭文字をとった造語です。

T社の車は自動運転機能を備え、オンライン経由でソフトウェアのダウンロードや保守点検もできる仕組みを提供している電気自動車です。また、ロボタクシーという関連会社にて自動運転車両によるライドシェアサービスも提供していく予定です。したがって、T社はすでに「CASE」の要件を全て満たしているEVメーカーであり、自動車業界のディスラプター（破壊者）と呼ばれています。

それではここでT社の事業について4P戦略を用いて、整理してみたいと思います。下図をご覧ください。

Product（製品） CO_2排出0（動力；電気モーター） 自動運転 ソフトウェアによるバージョンアップ インターネットによる遠隔保守 洗練されたデザイン 最速の加速 （0-100km/h　2.1秒）	**Price（価格）** バリュープライシング ただし、2つの価格帯を設定 ① 高級車 ------ モデルS、X ② 普及車 ------ モデル3、Y
Place（チャネル） ネットによる販売	**Promotion（販促）** 広告宣伝費0 パブリシティ ネット配信 CEOが広告塔

まずProduct（製品）についてですが、「CASE」のところでもご説明しましたが、自動運転を搭載した電気自動車であり、コックピットに搭載された大画面の液晶パネルからほぼすべての機能を集中制御できます。また、コネクテッドカーとなっており、インターネット経由でソフトウェアのダウンロードや保守点検を遠隔から実施することも可能です。さら

に、エコカーでありながら洗練された外装、内装のデザインは秀逸であり、加速性能もスーパーカー並みの機能を備えています。次にPrice（価格）についてですが、高級車向けと普及車向けの2系統を持っており、広いターゲット層に対応しています。

またPlace（チャネル）に関して、販売店を全く持たず、100%ネット経由の契約（受注生産）となっています。今のところ、需要が供給を大幅に上回っており全く問題ない状況です。そのような状況下で、Promotion（販促）も、CEO自身が「歩く広告塔」となっており広告費は計上していません。これら大幅な販管費の削減分は、車体価格に反映してユーザーに還元しているとのことです。これらの分析から、T社は自動車メーカーでありますが、事業戦略はソフトウェアメーカーに近く、いわば「走る巨大スマホ」のメーカーといった印象があります。

STEP 5

「ビジネスモデル」を1枚の紙に描く

STEP5

1

バリューチェーンは２つの戦略からなる

STEP 5では事業戦略を具現化する「ビジネスモデル」を策定し、「ビジネスモデルキャンバス（ビジネスマップ）」の形にまとめあげていきます。

ビジネスモデルは大きく「バリューチェーン」と「収益モデル」の２つによって構成されます。

まず「バリューチェーン（Value Chain）」とは、原材料の調達から製品・サービスを顧客に届けるまでの企業活動のプロセスを技術的・経済的な観点から区分し、複数の活動に分割したうえで、それらを価値のつながりとしてとらえる考え方です。ここまで再三、言及してきたマイケル・ポーターによって唱えられた概念で、一般には「価値連鎖」という訳語があてられています。

ここではバリューチェーンを、バリューチェーンのあり方を決定する「オペレーション戦略」とマーケティング活動にかかわる「マーケティング戦略」に分けて考えていきます。右ページに示したように、それぞれの戦略に対応した形で「オペレーションサイド（バックオフィス）」と「マーケティングサイド（フロントオフィス）」が重要な役割を果たします。

オペレーションサイドでは仕入・提携先から事業主体までの範囲を対象として、もっぱら運用プロセスやサプライチェーンに対する注意が必要になります。

一方、マーケティングサイドでは事業主体からターゲット顧客までの範囲を射程に入れ、顧客の利用プロセスやタッチポイント（顧客接点）を意識した視点が求められることになります。

[バリューチェーン]

M.E.ポーターの「バリューチェーン」

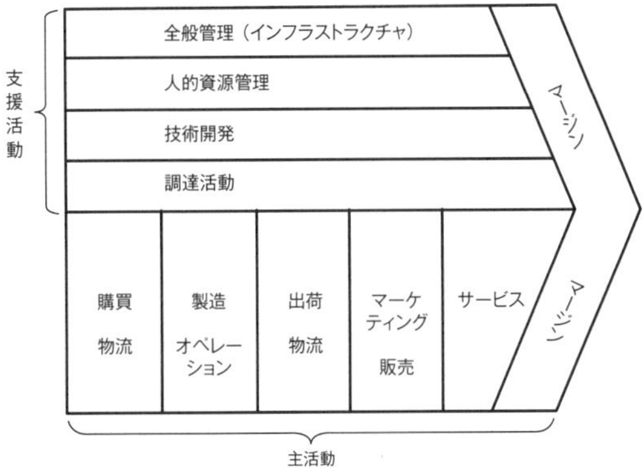

M.E.ポーター『競争優位の戦略』ダイヤモンド社（1985）より編集

バリューチェーン
＝オペレーション戦略＋マーケティング戦略

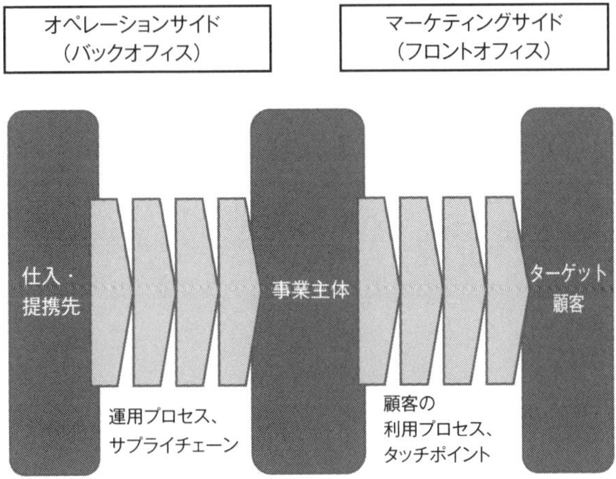

STEP5 2

収益モデルは3つのタイプで考える

ビジネスモデルの一方の柱をバリューチェーンとすれば、もう一方の柱は「収益モデル」になります。収益モデルは「いかに儲けるか」の仕組みであり、「マネタイズモデル」とも呼ばれます。

収益モデルは大きく①マージン型、②回転型、③顧客ベース型という3つのタイプに分けられます。

まず①マージン型はロイヤリティ、仲介手数料等の提供サービスに対する対価をマージンとして受け取る収益モデルです。顧客に対価の支払いを納得してもらうためには、提供するサービスの価値を向上させることが必要となります。そのためマージン型では、ブランド力の向上など価格プレミアムを高める努力が強く求められることになります。

また②回転型は商品、サービスの回転率を上げることにより収益を上げるモデルです。一般に低コストの製品が取り扱われる事業において、この収益モデルが広く利用されています。回転率の向上は資金の回転にとってもメリットが多く、また不良在庫回避の点でも大きな効果があるといわれています。

そして③顧客ベース型はフリーミアム（後述）に代表される課金モデルであり、まず無償でサービスを提供することにより顧客ベースを拡大させたうえで、さらなるサービスを有償で提供することにより収益を上げるモデルです。

顧客ベース型の収益モデルで得られる具体的な金銭的対価としては、有料ユーザーからの利用料、定額の固定フィー、広告料などがあげられます。

[収益モデル]

①マージン型	価格とコストの差を作って利益獲得	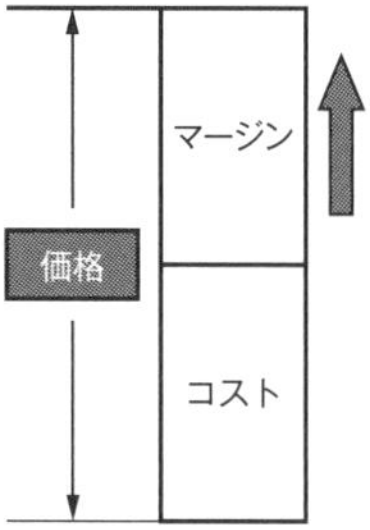
②回転型	低価格にして回転率（数量）で利益獲得	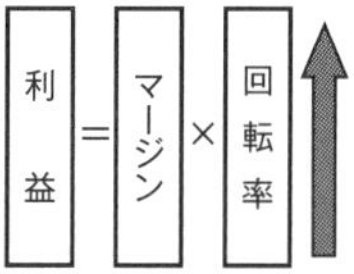
③顧客ベース型	一定の顧客ベースから、有償オプションサービス、広告収入、定額課金制などで利益獲得	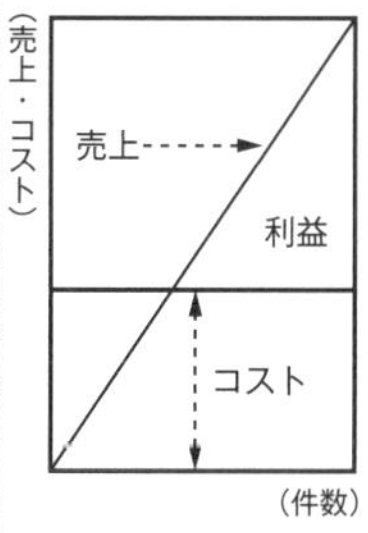

秦 充洋『プロ直伝! 成功する事業計画書のつくり方』ナツメ社（2015）を参考に作成

STEP5 3

収益モデルの策定では利益の公式を意識する

収益モデルを策定する際には、一にも二にも利益のことを、すなわち「この新規事業のプランで利益が確実に出るのか」を考えなければなりません。

基本の確認になりますが、利益は売上から費用を引いた以下の公式によって求められます。

「利益＝売上－費用」(①)

この「利益の公式」からわかるように、利益を確保するためには「売上の額をいかに上げるか」「費用の額をいかに下げるか」の二択しかありません。

まず「売上の額をいかに上げるか」については、下記の公式によって求められます。

「売上＝価格×数量」(②)

この公式から、価格と数量のどちらかを、あるいは双方をアップすれば売上の額を上げられることがわかります。

一方、「費用の額をいかに下げるか」については、下記の公式によって求められます。

「費用＝変動費＋固定費」(③)

この公式から、変動費と固定費のいずれか、あるいは双方の額を下げれば費用は減らせることになります。

このように、製品の価格と数量をアップすること、変動費と固定費の額を減らすことを意識しておくことにより、利益を着実に確保できる収益モデルを組み立てることが可能となるでしょう。

[利益の公式]

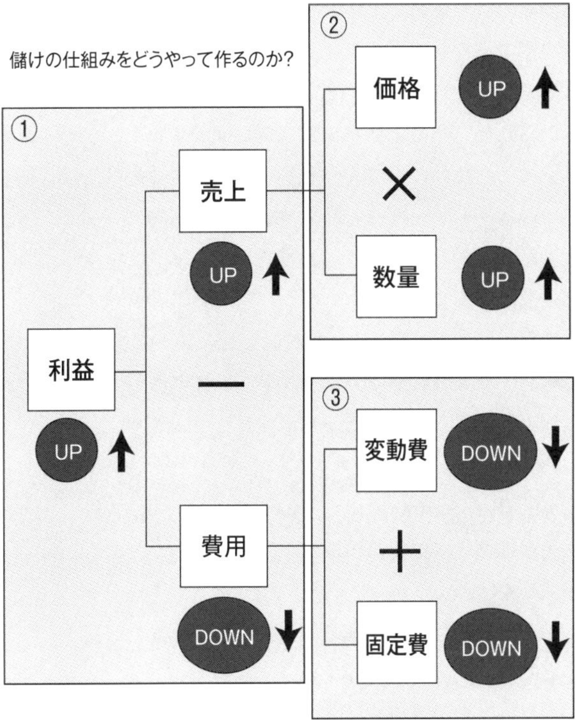

① 利益 ＝ 売上 − 費用
② 売上 ＝ 価格 × 数量
③ 費用 ＝ 変動費 ＋ 固定費

STEP5

4 ビジネスモデルキャンバスで ビジネスモデルを見える化する(1)

前述のように、ビジネスモデルはビジネスモデルキャンバスの形で整理していきます。ビジネスモデルキャンバスでは、多数の要素からなるビジネスモデルが1枚の紙にまとめられているため、その全体をスムーズに理解することが可能となります。具体的な作成方法としては、まず「提供価値」を中心に置き、左側にオペレーション戦略、右側にマーケティング戦略を配置し、この一連のバリューチェーンを全体図の上部に配置します。

提供価値は「VP（Value Propositions)」で示されます。オペレーション戦略、マーケティング戦略の中身はそれぞれ以下のように3つの要素から構成されます。

「オペレーション戦略」

① KP（Key Partners）

主な提携先（重要な事業パートナー）

② KA（Key Activities）

主な業務活動（提供価値の源泉となる重要な活動）

③ KR（Key Resources）

主な経営資源（事業に必要なヒト、モノ、カネ）

「マーケティング戦略」

① CR（Customer Relationships）

顧客との関係（どのような手段で関係を結ぶか）

② CH（Channels）

チャネル（顧客に提供価値を届ける手段）

③ CS（Customer Segments）

顧客セグメント（顧客の属性、利用目的など）

[ビジネスモデルキャンバス／バリューチェーン]

ビジネスモデル ＝ バリューチェーン ＋ 収益モデル

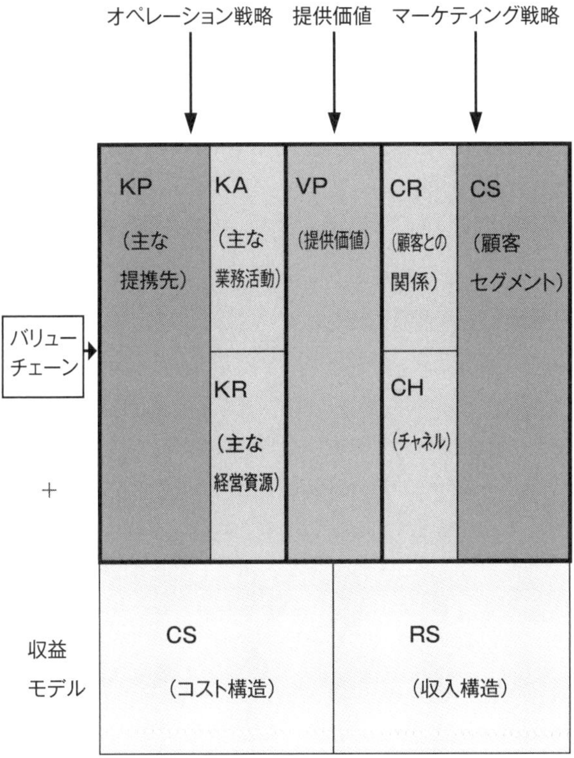

STEP5

5 ビジネスモデルキャンバスでビジネスモデルを見える化する(2)

一方、全体図の下部には収益モデルを配置します。左側にコスト構造、右側に収入構造のパートを位置させ、その対比で収益モデルを表現します。

まず、コスト構造は「CS（Cost Structure）」で示されます。事業でかかる費用を列挙するブロックです。略称がバリューチェーンの要素である「CS（Customer Segments）」と同じなので、混同しないように気をつけましょう。

一方、収入構造は「RS（Revenue Structure）」で示されます。具体的には顧客セグメントから生み出されるお金の流れ（課金方法など）を表現します。

以上のような9つのブロックを全て埋め終えることで、ビジネスモデルキャンバスの全体は完成します。作成し終えたら全体の流れを確認します。右側を顧客と収入に、左側を自社とコストにかかわる分野として把握することによって、全体図をより理解しやすくなるはずです。

また、ビジネスモデルキャンバスは1回作ればそれで終わりというものではありません。できあがったファーストキャンバス（最初のビジネスモデルキャンバス）を土台に、顧客分析などを反映させてよりブラッシュアップしたセカンドキャンバスを作成する……というような形で修正・改善を繰り返して、完成度を高めていきます。

逆にいえば、はじめから「完全なものを作ろう」と気負う必要はありません。まずはドラフトを作るつもりで取り組むとよいでしょう。また、明確になっていない要素については検討事項を記載するだけでも構いません。

[ビジネスモデルキャンバス／収益モデル]

ビジネスモデル ＝ バリューチェーン ＋ 収益モデル

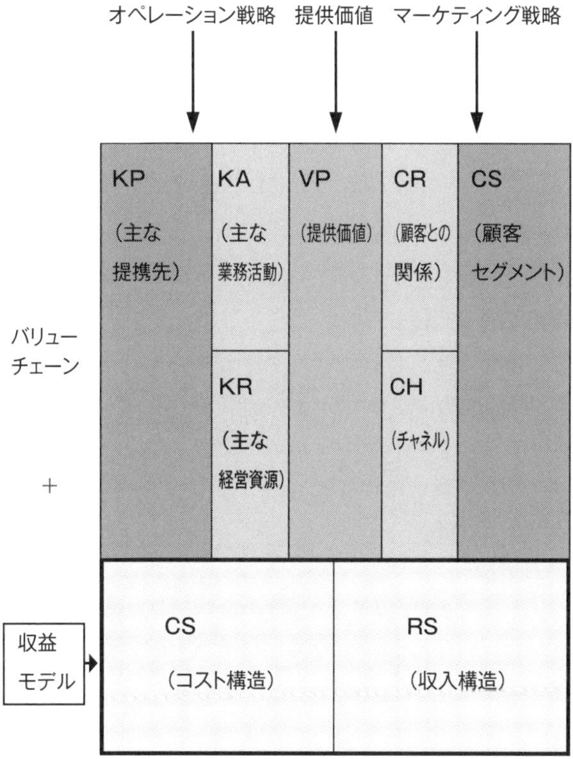

STEP5 6

ビジネスモデルの代表10タイプをマスターする

企業の長い歴史の中で、これまで様々なビジネスモデルが生み出され活用されてきました。経営コンサルタントの今枝昌宏氏は、著書である『ビジネスモデルの教科書』（東洋経済新報社）の中で主なビジネスモデルを類型化しわかりやすく解説しています。ここからは、同著を参考にしながら、次の10のビジネスモデルをビジネスモデルキャンバスの形で紹介していきます。

①地域ドミナントモデル

②クリームスキミングモデル

③顧客ライフサイクルマネジメントモデル

④顧客の購買代理モデル

⑤プラットフォームモデル

⑥アンバンドリングモデル

⑦ブルーオーシャンモデル

⑧レーザーブレードモデル

⑨フリーモデル

⑩機能外販モデル

右ページにあげたような形式で、次ページ以降①から⑩のビジネスモデルを具体的に解説します。新規事業を考えるうえで、これら10タイプのビジネスモデルの代表例を学ぶことはたいへん有益です。たとえば、自社で手がけようとしている新規事業が⑦ブルーオーシャンモデルにあてはまるのであれば、該当ページを参考にしながら自社のケースに適したビジネスモデルキャンバスを作成することを試みてみるとよいでしょう。

[ビジネスモデル名]

説　明	
事例企業名	

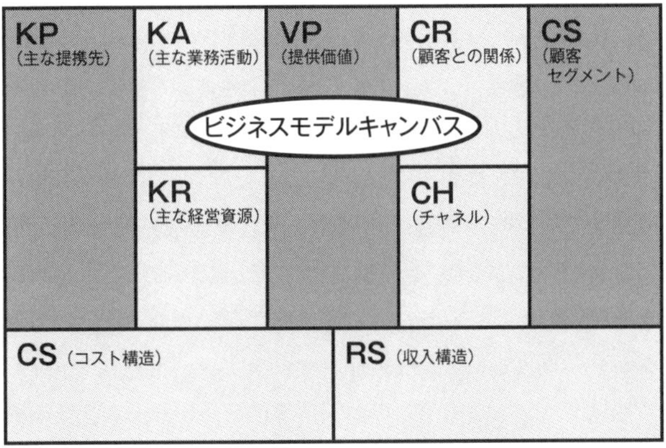

図形等での説明

STEP5

7 ①地域ドミナントモデル

①地域ドミナントモデルは、特定地域に高密度で出店して競合他社を排除する戦略モデルです。たとえばセブン-イレブン、スターバックスなどがこのビジネスモデルを採用しています。右ページの図で示したように、本来は店舗間を広くとったほうが顧客の共食いが避けられ、商圏を広く取れるため、店舗効率は高くなると考えられます。

しかし、地域ドミナントモデルでは共食いが生じることをおそれず、店舗を密に配置することによって地域を独占することに力を注ぎます。その結果、競合が存在しない空間を作り出すことができれば「地域内の顧客を総取りできる」「価格競争がなくなるので安定した需要を予測できる」という効果を期待できます。また、店舗密度が高いため、配送、広告などを効率化することも可能となります。

地域ドミナントモデルのビジネスモデルキャンバスを説明すると、バリューチェーンのブロックに関してはKP（主な提携先）が食品、日用品メーカー、KA（主な業務活動）がPB商品の開発、店舗管理、KR（主な経営資源）がブランド、PB商品、加盟店、VP（提供価値）が高品質のPB商品を中心に「近くて便利」を提供すること、CR（顧客との関係）が店舗、CH（チャネル）が加盟店、CS（顧客セグメント）が各特定地域の消費者（特定地域に高密度で出店）になります。

一方、収益モデルのブロックに関してはCS（コスト構造）が商品管理の費用、店舗運営指導費用等、RS（収入構造）がロイヤリティ収入になります。

[地域ドミナントモデル]

説　明	特定地域に高密度で出店し、 競合他社を排除する戦略モデル
事例企業名	セブン−イレブン、スターバックス

<table>
<tr>
<td rowspan="2">KP
（主な提携先）
食品、日用品メーカー</td>
<td>KA
（主な業務活動）
PB 商品の開発
店舗管理</td>
<td rowspan="2">VP
（提供価値）
高品質の PB 商品を中心に、近くて便利を提供</td>
<td>CR
（顧客との関係）
店舗</td>
<td rowspan="2">CS
（顧客セグメント）
各特定地域の消費者（特定地域に高密度で出店）</td>
</tr>
<tr>
<td>KR
（主な経営資源）
ブランド
PB 商品
加盟店</td>
<td>CH
（チャネル）
加盟店</td>
</tr>
<tr>
<td colspan="2">CS（コスト構造）
商品管理の費用、
店舗運営指導費用等</td>
<td colspan="3">RS（収入構造）
ロイヤリティ収入</td>
</tr>
</table>

図形等での説明

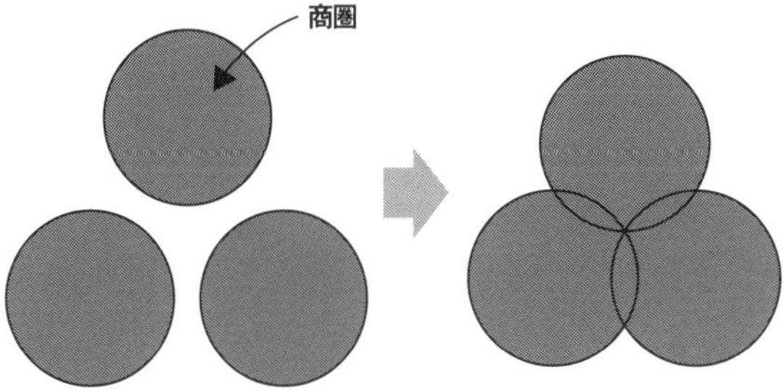

8 ②クリームスキミングモデル

②クリームスキミングモデルは、高い需要が見込める市場セグメントにのみ集中し、低価格による差別化を図るビジネスモデルです。「クリームスキミング」とは牛乳からクリームをすくい取るという意味であり、つまりは「いいとこ取り」を狙うわけです。たとえばサウスウエスト航空などのLCCや、イギリスの通信会社であるコルトなどがこのビジネスモデルを活用しています。

右ページ下の需要曲線のうち、クリームスキミングモデルがターゲットとするのは山の部分（高需要セグメント）になります。市場の中で需要が大きな部分で事業を展開することにより設備稼働率が上がり、業務の効率化も進みます。その結果として商品・サービスを安価で提供することが可能となり、さらに稼働率が上昇していくという好循環がもたらされることになります。なお、クリームスキミングモデルが機能するためには、地域や顧客を限定せずにユニバーサルに事業を展開している競合が存在することが前提となります。

クリームスキミングモデルのビジネスモデルキャンバス（LCCのケース）を説明すると、バリューチェーンのブロックに関してはKPが航空機メーカー等、KAが合理化、最適サービスの提供、KRが従業員、航空機、VPが必要十分なサービスを低価格で提供すること、CRがF2F（対面）、電話、WEB、CHが自社、CSが高い需要が見込める特定市場セグメントになります。一方、収益モデルのブロックに関してはCSが航空機リース料、空港使用料、販管費等、RSがサービス利用料になります。

[クリームスキミングモデル]

説　明	高い需要が見込める市場セグメントにのみ集中し、低価格による差別化を図る
事例企業名	サウスウエスト航空（LCC）、コルト

<table>
<tr>
<td rowspan="2">KP
（主な提携先）
航空機
メーカー等</td>
<td>KA
（主な業務活動）
合理化
最適サービス
の提供</td>
<td rowspan="2">VP
（提供価値）
必要十分な
サービスを
低価格で
提供</td>
<td>CR
（顧客との関係）
F2F
電話
WEB</td>
<td rowspan="2">CS
（顧客
セグメント）
高い需要が
見込める
特定市場
セグメント</td>
</tr>
<tr>
<td>KR
（主な経営資源）
従業員
航空機</td>
<td>CH
（チャネル）
自社</td>
</tr>
<tr>
<td colspan="2">CS（コスト構造）
航空機リース料、空港使用料、
販管費等</td>
<td colspan="3">RS（収入構造）
サービス利用料</td>
</tr>
</table>

（LCC のケース）

図形等での説明

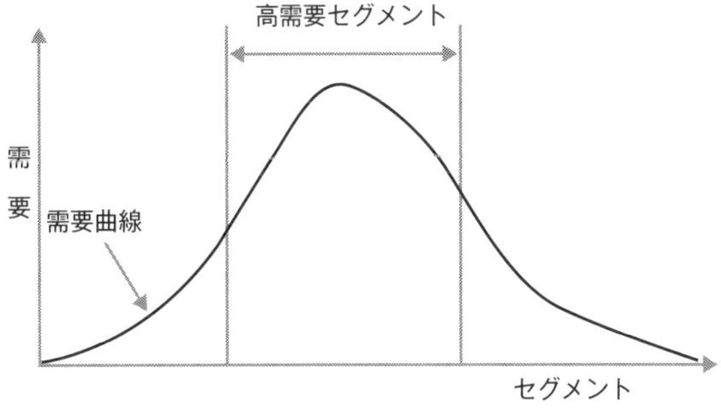

STEP5
9

③顧客ライフサイクルマネジメントモデル

③顧客ライフサイクルマネジメントモデルは、顧客の成長に伴うニーズの変化に対応し、商品ラインナップを揃え、顧客の生涯にわたってビジネスを行う戦略モデルです。トヨタ自動車などの日本の大手自動車会社、ベネッセコーポレーションなどで採用されています。

たとえば自動車会社の事業では、顧客のライフサイクルとして「新入社員→中堅社員→エグゼクティブ」の流れが想定されています。

まず、新入社員については車に乗り始めたばかりであり、その多くが独身であることから、エントリー製品としてコンパクトカーを提示します。

次に、中堅社員については家族持ちが多いと想定されることからファミリーカーへと誘導していきます。

そして、エグゼクティブについては、金銭的余裕があると考えられるので高級車へとナビゲートしていきます。

顧客ライフサイクルマネジメントモデルのビジネスモデルキャンバスを説明すると、バリューチェーンのブロックに関してはKPが資材、部品メーカー、KAがライフステージに応じた製品開発、KRが従業員、製品、VPが顧客のライフステージに応じた最適な製品を提供すること、CRが販売店、電話、WEB、CHが販売会社（ディーラー）、CSが新規若年ユーザーを生涯にわたってターゲットにすることになります。

一方、収益モデルのブロックに関してはCSがR&D（研究開発）、製造コスト、マーケティング費用、RSが製品の売上になります。

[顧客ライフサイクルマネジメントモデル]

説　明	顧客の成長に伴うニーズの変化に対応し、商品ラインナップを揃え、顧客の生涯にわたってビジネスを行う
事例企業名	トヨタ自動車、ベネッセコーポレーション

KP（主な提携先）	KA（主な業務活動）	VP（提供価値）	CR（顧客との関係）	CS（顧客セグメント）
資材、部品メーカー	ライフステージに応じた製品開発	顧客のライフステージに応じた最適な製品を提供	販売店 電話 WEB	新規若年ユーザーを生涯にわたってターゲットにする
	KR（主な経営資源）		CH（チャネル）	
	従業員 製品		販売会社（ディーラー）	

CS（コスト構造）	RS（収入構造）
R&D、製造コスト、マーケティング費用	製品の売上

図形等での説明

顧客ライフサイクル		
新入社員 →	中堅社員 →	エグゼクティブ
製品ラインナップ		
コンパクトカー →	ファミリーカー →	高級車

STEP5

10 ④顧客の購買代理モデル

④顧客の購買代理モデルは、卸・小売が顧客サイドに立って行動することにより顧客との良好な関係を維持するビジネスモデルです。たとえば、オフィス用品等の小売業者であるアスクル、金型用部品商社のミスミなどがこのビジネスモデルを採用しています。

従来の販売モデルでは、卸・小売がメーカーから製品を仕入れて顧客に販売するという形が一般的でした。つまり卸・小売は顧客と対峙する存在であったわけです。それに対して顧客の購買代理モデルでは、卸・小売が複数の商品を顧客のために比較検討したり、複数の顧客のニーズをまとめて集中購買を行ったりするなど、顧客の利益を重視して購買サービスを提供します。つまり、卸・小売と顧客は一体化しているわけです。メーカーによる卸・小売の系列化・支配化の傾向が強まる中で顧客の購買代理モデルはそれに対抗できる有力な選択肢とみなされています。

顧客の購買代理モデルのビジネスモデルキャンバスを説明すると、バリューチェーンのブロックに関してはKPが各商品・資材メーカー、KAが顧客の立場で商品・資材を仕入れること、KRが従業員、商品・資材、VPが顧客の立場で顧客の利益を第一優先に商品・資材の購買代行を行うこと、CRがF2F（対面)、電話、WEB、CHが直販、CSが多品種・少量の商品・資材のとりまとめおよびベストプライスでの購入を希望する顧客層になります。

一方、収益モデルのブロックに関してはCSが商品・資材の原価、販管費、RSが商品・資材の売上になります。

[顧客の購買代理モデル]

説　明	卸・小売が顧客サイドに立って行動することにより、顧客との良好な関係を維持する
事例企業名	アスクル、ミスミ

KP（主な提携先）
各商品・資材メーカー

KA（主な業務活動）
顧客の立場で商品・資材を仕入れる

KR（主な経営資源）
従業員
商品・資材

VP（提供価値）
顧客の立場で顧客の利益を第一優先に商品・資材の購買代行を行う

CR（顧客との関係）
F2F
電話
WEB

CH（チャネル）
直販

CS（顧客セグメント）
多品種・少量の商品・資材のとりまとめおよびベストプライスでの購入を希望する顧客層

CS（コスト構造）
商品・資材の原価、販管費

RS（収入構造）
商品・資材の売上

図形等での説明

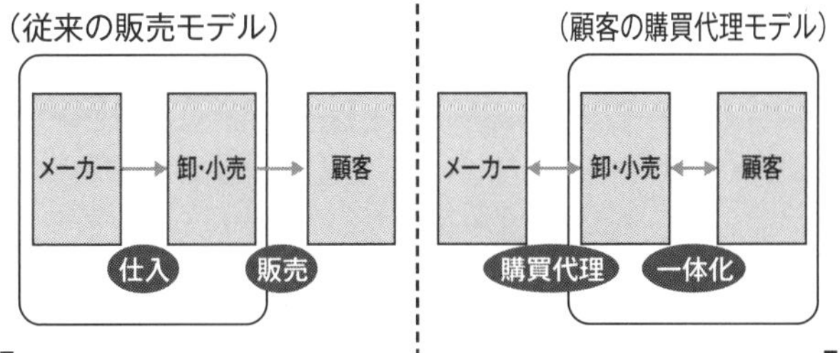

11 ⑤プラットフォームモデル

⑤プラットフォームモデルは、自社を顧客間のインタラクション（相互作用）の場として提供するビジネスモデルです。たとえば、楽天市場、Yahoo! オークション、メルカリ、App Storeなどがこのビジネスモデルの典型例とみなされています。

具体的には、楽天市場では販売業者と買い手が、Yahoo! オークションではオークションの出品者と買い手が、インターネット上に用意されたプラットフォームを通じて相互にやりとりする仕組みとなっています。また、App Storeでは、同様の形でアプリ制作者とアプリユーザーを結び付けて取引を行わせています。

顧客間のインタラクションが盛んになればなるほど、プラットフォームとして提供された場は魅力的なものになり、顧客が増え自社の利益は上がっていきます。しかも、一度支配的なプラットフォームを形成することに成功すれば、競合がその立場を崩すことは難しくなります。

プラットフォームモデルのビジネスモデルキャンバスを説明すると、バリューチェーンのブロックに関してはKPが出店業者、出品者、アプリ制作者、KAがプラットフォームシステムの運用、KRがプラットフォームシステム、VPが顧客間のインタラクションの場を提供すること、CRがWEB、電話、イベント、CHがインターネット、会員制サークル、CSが特定のコミュニティユーザーになります。

一方、収益モデルのブロックに関してはCSがプラットフォーム構築・運用費用、RSが手数料になります。

[プラットフォームモデル]

説　明	自社を顧客間のインタラクションの場として提供するビジネスモデル
事例企業名	楽天市場、Yahoo! オークション、メルカリ

<table>
<tr><td colspan="2" rowspan="2">KP
（主な提携先）
出店業者
出品者
アプリ制作者</td><td colspan="2">KA
（主な業務活動）
プラットフォームシステムの運用</td><td colspan="2" rowspan="2">VP
（提供価値）
顧客間のインタラクションの場を提供</td><td colspan="2">CR
（顧客との関係）
WEB
電話
イベント</td><td colspan="2" rowspan="2">CS
（顧客セグメント）
特定のコミュニティユーザー</td></tr>
<tr><td colspan="2">KR
（主な経営資源）
プラットフォームシステム</td><td colspan="2">CH
（チャネル）
インターネット
会員制サークル</td></tr>
<tr><td colspan="5">CS（コスト構造）
プラットフォーム構築・運用費用</td><td colspan="5">RS（収入構造）
手数料</td></tr>
</table>

図形等での説明

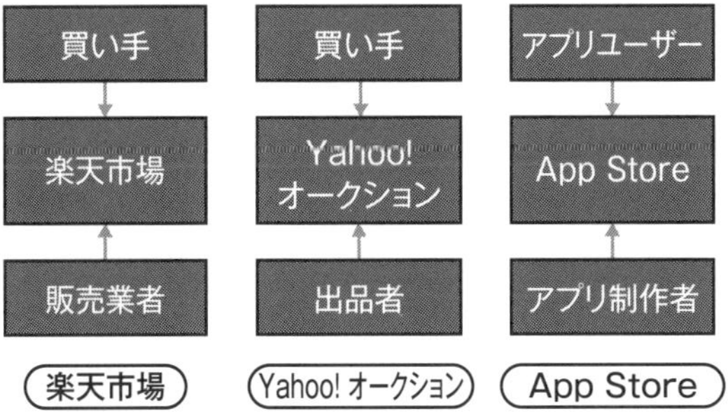

STEP5

12 ⑥アンバンドリングモデル

⑥アンバンドリングモデルは、もともと一体で販売していたものを分解し、顧客の欲するものだけを販売するビジネスモデルです。「アンバンドリング（unbundling）」とは一体化されていたものを切り離すという意味で、束ねることや一括販売を意味する「バンドリング（bundling）」の反対語になります。たとえば、QBハウス、LCCなどがこのビジネスモデルを採用しています。

QBハウスを例にすれば、従来の理髪店ではカット、シャンプー、髭剃り、マッサージのサービスがワンセットとして、つまりはバンドリングされた形で提供されるのが当たり前でした。それに対して、同社はカットのみを切り離し低価格で提供することにより「髭剃りはいらない、髪だけを切ってもらえればよい」という消費者の要求にこたえ、その心をつかむことに成功したのです。なお、アンバンドリングモデルに類似のビジネスモデルとしては、製品そのものを分解するのではなく、製品の提供する機能を売って使った分だけ課金するユーティリティオファリングがあります。

アンバンドリングモデルのビジネスモデルキャンバスを説明すると、バリューチェーンのブロックに関してはKPが資材提供業者、KAが顧客サービス、社内合理化、KRが店舗、従業員、VPが顧客の欲するものだけを切り出して提供すること、CRがWEB、電話、F2F、CHが直販もしくは販売店、CSが学生、ビジネスマンになります。

一方、収益モデルのブロックに関してはCSが人件費、資材調達費、RSがサービス売上になります。

[アンバンドリングモデル]

説　明	もともと一体で販売していたものを分解し、 顧客の欲するものだけを販売するビジネスモデル
事例企業名	QBハウス、LCC

<table>
<tr>
<td rowspan="2">KP
（主な提携先）

資材提供業者</td>
<td>KA
（主な業務活動）
顧客サービス
社内合理化</td>
<td rowspan="2">VP
（提供価値）
顧客の
欲するもの
だけを
切り出して
提供</td>
<td>CR
（顧客との関係）
WEB
電話
F2F</td>
<td rowspan="2">CS
（顧客
セグメント）

学生
ビジネスマン</td>
</tr>
<tr>
<td>KR
（主な経営資源）
店舗
従業員</td>
<td>CH
（チャネル）
直販
もしくは
販売店</td>
</tr>
<tr>
<td colspan="2">CS（コスト構造）
人件費、資材調達費</td>
<td colspan="3">RS（収入構造）
サービス売上</td>
</tr>
</table>

図形等での説明

（従来の理髪店）

（セット料金5000円）
カット
シャンプー
髭剃り
マッサージ

（QBハウス）

（サービス料金1000円）
カットのみ

STEP5

13 ⑦ブルーオーシャンモデル

⑦ブルーオーシャンモデルは、顧客提供価値の新たな組み合わせにより新たな市場を創造し、独占する戦略モデルです。「ブルーオーシャン」は競合相手のいない未開拓市場のことで、「レッドオーシャン」(激しい競争が繰り広げられている既存市場)の対義語です。たとえば、俺のフレンチ、任天堂などがこのビジネスモデルを採用しています。

具体的に述べると、俺のフレンチは飲食店業界を「高級料理」と「カジュアル料理」の軸と「居心地がよい」「居心地がよくない」の軸から分類し、新たな市場を創設しました。すなわち、「高級料理」で「居心地がよい」には高級レストランが、「カジュアル料理」で「居心地がよい」にはファミリーレストランが、「カジュアル料理」で「居心地がよくない」には立ち飲み屋がすでに競合として存在していました。そこで、残されていた「高級料理」で「居心地がよくない」の領域に進出し、上質の食事を狭い店内で立ち食い方式で提供し顧客を集めるノウハウを確立したのです。

俺のフレンチを例にブルーオーシャンモデルのビジネスモデルキャンバスを説明すると、バリューチェーンのブロックに関してはKPが高級食材納入業者、KAが一流料理の提供、料理以外の節約、KRが高級食材、一流シェフ、VPが立ち飲みスタイルで高級料理をリーズナブルな価格で提供すること、CRが店舗、CHが対面サービス、CSがグルメな中間所得層になります。

一方、収益モデルのブロックに関してはCSが人件費、食材調達費、RSが料理の売上になります。

[ブルーオーシャンモデル]

説　明	顧客提供価値の新たな組み合わせにより、 新たな市場を創造し、独占するビジネスモデル
事例企業名	俺のフレンチ、任天堂

<table>
<tr>
<td rowspan="2">KP
（主な提携先）
高級食材
納入業者</td>
<td>KA
（主な業務活動）
一流料理の提供
料理以外の節約</td>
<td rowspan="2">VP
（提供価値）
立ち飲みスタイルで高級料理をリーズナブルな価格で提供</td>
<td>CR
（顧客との関係）
店舗</td>
<td rowspan="2">CS
（顧客セグメント）
グルメな
中間所得層</td>
</tr>
<tr>
<td>KR
（主な経営資源）
高級食材
一流シェフ</td>
<td>CH
（チャネル）
対面サービス</td>
</tr>
<tr>
<td colspan="3">CS（コスト構造）
人件費、食材調達費</td>
<td colspan="2">RS（収入構造）
料理の売上</td>
</tr>
</table>

（俺のフレンチのケース）

図形等での説明

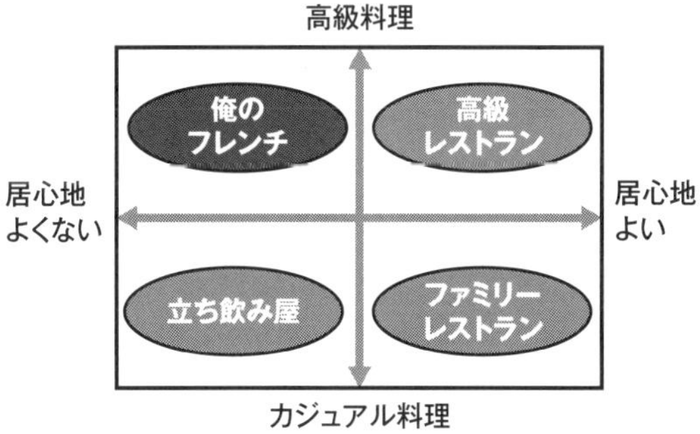

14 ⑧レーザーブレードモデル

⑧レーザーブレードモデルは、最初に購入してもらう製品を安価で提供し、その後の消耗品や保守サービスで継続的に儲けるビジネスモデルです。レーザーブレードはカミソリの刃のことですが、その名称の由来は替え刃カミソリを初めて製品化したジレットが、カミソリ本体は格安で販売し、替え刃で利益を上げる事業戦略を展開したことによります。エプソンなどのプリンターメーカーもこのビジネスモデルを典型的な形で活用しています。

たとえば、メーカーは製品本体のプリンターについては価格をディスカウントしてその購買を促します。一方、消耗品であるインクについては十分利益のとれる価格を設定します。顧客は最初にプリンターを購入してしまった以上、プライスアップされた専用のインクを買わざるをえません。こうして、メーカーは製品本体のディスカウントされた価格分以上の利益を消耗品によって獲得することが可能となるわけです。また、競合する後続製品を排除する効果も期待できます。

ジレットを例にレーザーブレードモデルのビジネスモデルキャンバスを説明すると、バリューチェーンのブロックに関してはKPが原材料メーカー、KAが製品製造、プロモーション、KRが製品、ブランド、VPが消耗品の買い替えで製品を長期利用してもらうビジネスモデル、CRが店舗、CHがドラッグストア、スーパー、CSが成人男性になります。

一方、収益モデルのブロックに関してはCSが製造コスト、輸送コスト、RSがカミソリ本体、替え刃の売上になります。

[レーザーブレードモデル]

説　明	最初に購入される製品を安価で提供し、 その後の消耗品や保守サービスで継続的に 儲けるビジネスモデル
事例企業名	ジレット、エプソン

<table>
<tr>
<td rowspan="2">KP
（主な提携先）

原材料メーカー</td>
<td>KA
（主な業務活動）

製品製造
プロモーション</td>
<td rowspan="2">VP
（提供価値）

消耗品の
買い替えで
製品を長期
利用して
もらう
ビジネス
モデル</td>
<td>CR
（顧客との関係）

店舗</td>
<td rowspan="2">CS
（顧客
セグメント）

成人男性</td>
</tr>
<tr>
<td>KR
（主な経営資源）

製品
ブランド</td>
<td>CH
（チャネル）
ドラッグストア
スーパー</td>
</tr>
<tr>
<td colspan="2">CS（コスト構造）
製造コスト、輸送コスト</td>
<td colspan="3">RS（収入構造）
カミソリ本体、替え刃の売上</td>
</tr>
</table>

（ジレットのケース）

図形等での説明

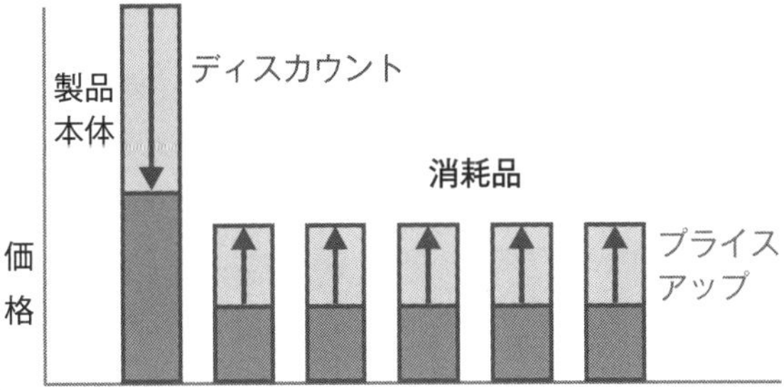

15 ⑨フリーモデル

⑨フリーモデルは、一部の提供価値を無償化して集客力を高め、周辺の有償部分で儲けるビジネスモデルです。ソフトバンクなどの携帯電話会社が様々なサービスを契約から数カ月間、無料で提供し集客しているのはフリーモデルの具体例といえます。

また、国内外のIT企業ではこのビジネスモデルの一種である「フリーミアム」が盛んに活用されています。フリーミアム（Freemium）は、無料を意味する「フリー（Free)」と割増しを意味する「プレミアム（Premium)」を組み合わせた造語であり、製品・サービスの基本機能は無料で提供し、より高度な機能や特別な機能はオプションとして有償で提供するというものです。Dropboxが、一定の容量まではストレージサービスを無料で提供し、それを上回る容量については有償としているのはフリーミアムの戦略に基づいています。また、DeNAがオンラインゲーム「モバゲー」を無料で提供し、その中で使う武器などのツールについては有償で販売しているのも同様の戦略といえます。

DeNAを例にフリーモデルのビジネスモデルキャンバスを説明すると、バリューチェーンのブロックに関してはKPが開発協力会社、KAがアプリ開発、KRがアプリ製品、VPが魅力的なアプリを基本無償提供（オプション機能は有償）すること、CRがWEB、アプリ、CHがインターネット、CSがアプリ利用者になります。

一方、収益モデルのブロックに関してはCSがアプリの開発費用等、RSが有償サービスの売上になります。

[フリーモデル]

説　明	一部の価値提供を無償化して集客力を高め、周辺の有償部分で儲けるビジネスモデル
事例企業名	DeNA、ソフトバンク、Dropbox

<table>
<tr>
<td rowspan="2">KP
（主な提携先）

開発協力会社</td>
<td>KA
（主な業務活動）

アプリ開発</td>
<td rowspan="2">VP
（提供価値）

魅力的な
アプリを
基本無償
提供
（オプション
機能は有償）</td>
<td>CR
（顧客との関係）

WEB
アプリ</td>
<td rowspan="2">CS
（顧客
セグメント）

アプリ
利用者</td>
</tr>
<tr>
<td>KR
（主な経営資源）

アプリ製品</td>
<td>CH
（チャネル）

インターネット</td>
</tr>
<tr>
<td colspan="2">CS（コスト構造）
アプリの開発費用等</td>
<td colspan="3">RS（収入構造）
有償サービスの売上</td>
</tr>
</table>

（DeNAのケース）

図形等での説明

フリーミアム（課金方法）

無償	有償
基本機能	オプション機能

STEP5

16 ⑩機能外販モデル

⑩機能外販モデルは、自社の優れた機能の一部を切り出して他社に外販するビジネスモデルです。ドイツの航空会社ルフトハンザが飛行機の整備を他社から大規模に受託しているのがその実例としてあげられます。

また、アマゾンによって提供されているAWS（アマゾンウェブサービス、Amazon Web Services）も機能外販モデルの成功例といえます。AWSでは、アマゾンが本業で培ったシステム運用ノウハウやシステムリソースが外販されており、その結果、同社には大きな利益がもたらされています。

このように近時、機能外販の動きが活発化している背景の1つとしては、通信の発達やコストダウンによってビジネスの各機能が物理的に近接していなくてもスムーズに連動できるようになったことなどが指摘されています。

アマゾンのAWSを例に機能外販モデルのビジネスモデルキャンバスを説明すると、バリューチェーンのブロックに関してはKPがAWS上で稼働するアプリ提供会社、KAがシステム運用、KRがAWSシステム、VPがハイレベルのシステムインフラを低価格で提供すること、CRがWEB、電話、F2F、CHが直販と販売パートナー、CSがAWSシステム利用ユーザーになります。

一方、収益モデルのブロックに関してはCSがシステム運用管理費用等、RSがサブスクリプション方式（利用料金）になります。

[機能外販モデル]

説　明	自社の優れた機能の一部を切り出して 他社に外販するビジネスモデル
事例企業名	ルフトハンザ、アマゾン

KP（主な提携先）	KA（主な業務活動）	VP（提供価値）	CR（顧客との関係）	CS（顧客セグメント）
AWS上で稼働するアプリ提供会社	システム運用	ハイレベルのシステムインフラを低価格で提供	WEB 電話 F2F	AWSシステム利用ユーザー
	KR（主な経営資源）		CH（チャネル）	
	AWSシステム		直販＋販売パートナー	

CS（コスト構造）	RS（収入構造）
システム運用管理費用等	サブスクリプション方式（利用料金）

（AWSのケース）

図形等での説明

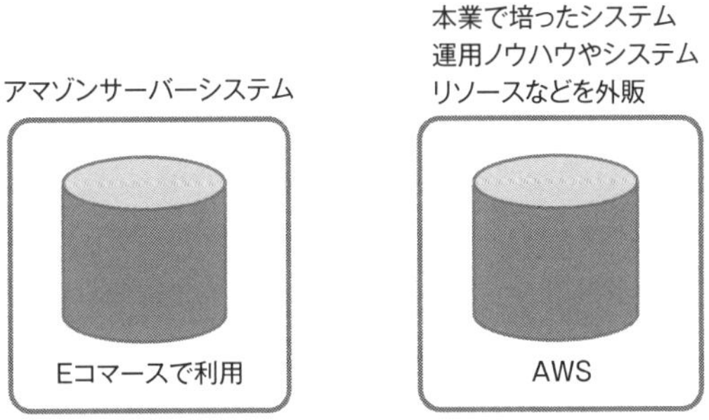

STEP5 トライ

ソフトウェア業界のビジネスモデルをビジネスモデルマップにまとめてみよう!

Aさん　Bさんの新規事業のプロジェクトはその後も順調で、いよいよビジネスモデルの策定にとりかかろうとしているところです。自分も同じ業界の人間としていろいろとアドバイスを求められています。

講師　では、今日はビジネスモデルマップでソフトウェア業界のビジネスモデルを整理してみましょうか。アドバイスをされる際の参考になるかもしれません。まずは、バリューチェーンのブロックから埋めていきましょう。最初に真ん中のソフトウェア会社の提供価値（VP）は何だと思いますか。

Aさん　提供価値に関する考えについては個々の企業によって違う点もありますが、BtoBのソフト開発会社に絞ると「早く、安く、簡単、安全に導入・使用でき、保守も容易であること」になると思います。

講師　次にサプライサイドはどうなっていますか。

Aさん　主な提携先（KP）はクラウドプラットフォーム提供会社ですね。

講師　主な業務活動（KA）と主な経営資源（KR）はどうでしょうか。

Aさん　主な業務活動は、クラウド製品の開発・販売になります。また、主な経営資源としてはクラウド製品、営業、エンジニア、導入コンサルタントがあげられます。

講師　何の問題もなさそうですね。それではディマンドサイドについても一気に埋めてしまいましょう。

Aさん　まず、顧客との関係（CR）はWEB、電話、それから対面で築くことになりますね。販売チャネル（CH）は、直販と販売パートナーになります。顧客セグメント（CS）については、既存自社顧客と中堅企業があげられます。

講師　それでは、次に収益モデルのブロックについてみていきましょう。まず、コスト構造（CS）はどうでしょうか。

Aさん　コスト構造の箱には、システム開発・運用費、販管費が入ります。

講師　残るは最後のブロック、収入構造（RS）ですね。

Aさん　収入構造としては、利用料金方式（月額課金：Subscription）と導入コンサルティングサービスが考えられます。

講師　きれいにまとまりましたね。

Aさん　コピーして早速Bさんに送っておきます。

講師　それはいいですね。Bさんはきっと喜ぶでしょう。

[ソフトウェア会社における事例]

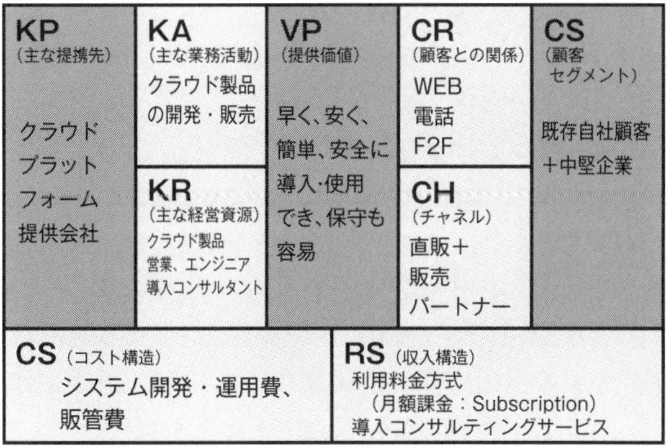

STEP5 ケース スタディ

【ケーススタディ】
フリマアプリM社の差別化戦略とビジネスモデル

フリマアプリとはインターネット上のフリーマーケットで、個人同士が衣料品や雑貨などの中古品（リユース品）および新品・未使用品を自由に売買できるスマートフォン専用のアプリのことです。

M社は2013年7月のサービス開始以来、「新たな価値を生み出す世界的なマーケットプレイスを創る」をミッションに、使いやすさを追求したアプリ内の機能改善を積み重ねる一方で、ワンストップで出品可能なリアル店舗の展開などオフラインの取り組みも推進し、結果としてサービス開始から6年半で、月間利用者数1500万人、年間流通総額は5000億円に迫る日本最大のフリマアプリへと成長してきました。

オークションサイトなど先発の競合ひしめくリユース市場において、後発者でありながらなぜM社は急成長を持続できたのでしょうか。それは、先発組のサービスに対してユーザーが抱いている不満をひとつひとつ解決することによって、信頼と実績を勝ち取っていったからだと考えられます。それではこれからユーザーの不満を解決するためにM社が打ち出した差別化戦略について解説します。

(1) 匿名性の確保と配送補償

先行するこれまでのビジネスにおいては出品者と購入者の間の個人情報にまつわるトラブルが多発していましたが、M社はそれを「M便」によって解決しました。「M便」とは運送会社などを仲介者として、売り手も買い手も相手の住所や氏名を知らずに商品の配送が可能となるシステムのことで、これによりユーザーの匿名性の確保と配送補償ができるようになりました。

(2) エスクロー（第三者預託）

次に個人間の決済時のトラブルに対する対応策として「エスクロー(第三者預託)」を設けました。それは、売買契約が成立した場合、買い手が売り手に直接お金を支払うのではなく、いったん第三者が代金を預かり、買い手の商品受け取り確認後に売り手に代金を入金する仕組みのことです。これにより未入金トラブルや未発送トラブルを解決しました。

(3) 真贋鑑定

リユースビジネスについて回る商品の真贋性に対する不安を払しょくするため、同社ではAIによる出品画像のチェックと鑑定士等によるダブルチェックも行っています。そのうえで、出品者による不正が発覚した場合には、その出品者に対し利用停止などのペナルティを科しています。

以上のような競合他社に対する競争優位戦略の実行とTVコマーシャルによる認知度のアップの相乗効果がM社急成長の秘密なのです。

最後に、上記内容を反映したM社のビジネスモデルマップを次ページに提示します。

<table>
<tr>
<td rowspan="2">KP
（主な提携先）
出品者（個人）
宅配業者
鑑定士</td>
<td>KA
（主な業務活動）
プラット
フォーム
システムの
運用</td>
<td rowspan="2">VP
（提供価値）
スマホによる
中古品売買の
場の提供
①匿名性の
確保
②配送補償
③エスクロー
④真贋鑑定</td>
<td>CR
（顧客との関係）
インターネット
リアル店舗
（情報提供、
出品支援）</td>
<td rowspan="2">CS
（顧客セグメント）
購入者（個人）
（主要
ターゲット；
20~30 代
女性）</td>
</tr>
<tr>
<td>KR
（主な経営資源）
プラット
フォーム
システム
開発要員</td>
<td>CH
（チャネル）
インターネット</td>
</tr>
<tr>
<td colspan="3">CS（コスト構造）
プラットフォーム構築・運用コスト</td>
<td colspan="2">RS（収入構造）
手数料（購入価格の 10%）</td>
</tr>
</table>

STEP 6

3年スパンの「事業計画書」を作成する

STEP6
1

3年後の売上目標を設定しブレイクダウンする

STEP 6では、戦略を実現するためのマイルストーンとして事業計画をまとめます。具体的には、3年間の数値計画（損益計算書）を作成していきます。

まずは、3年後の売上目標を設定します。右ページの作成ステップ1をご覧ください。この事業計画の例では目標値を1億円に設定しています。次に、1・2年目の売上目標を決めます。このとき並行して作成ステップ2の製品別売上（製品単価×件数）との整合性を考慮しながら、実現可能な各目標数値を決めていきます。右の例では、年度別には1年目を3000万円、2年目を6200万円に設定しています。

次に作成ステップ2として、売上目標を製品単価×件数別にブレイクダウンして、各目標値を設定していきます。売上を構成する各製品別単価は松セットが800万円、竹セットが500万円、梅セットが300万円となっています。それぞれ3年後に4件、7件、11件を売ることができれば、最終目標である1億円の売上を達成できるわけです。同様に、1年目にはそれぞれについて0件、3件、5件、2年目にはそれぞれについて2件、5件、7件を売ることが目標となります。このように売上件数を1.5倍増のペースで伸ばしていけば、3年後の最終目標を実現することが期待できます。

作成ステップ3では、売上原価を設定することにより売上－売上原価で粗利益が決定され、作成ステップ4で販売管理費を設定することにより、粗利益－販管費で営業利益が計算されるわけです。つまり、向こう3年間の予測PL（損益計算書）を作成することができるのです。

[3年後の売上目標を立てる４つのステップ]

3年後の売上目標を決め、数字をブレイクダウン！

３年後売上目標１億円

作成ステップ１　３年後の売上目標を年度別に分解！

カテゴリー	製品名	製品単価	2023(Plan)		2024(Plan)		2025(Plan)	
			件数	金額(¥K)	件数	金額(¥K)	件数	金額(¥K)
売上合計①				30,000		62,000		100,000

（単位：千円）

年度別にブレイクダウン

作成ステップ２　各年度の売上（製品単価×件数）を製品ごとに分解！

製品別売上	松セット②	8,000	0	0	2	16,000	4	32,000
	竹セット③	5,000	3	15,000	5	25,000	7	35,000
	梅セット④	3,000	5	15,000	7	21,000	11	33,000

製品別に
ブレイクダウン

作成ステップ３　売上原価を設定し、粗利益を試算（①－⑤＝⑥）

売上原価⑤		6,000		12,000		20,000
粗利益⑥		24,000		50,000		80,000

作成ステップ４　販売管理費を設定し、営業利益を試算（⑥－⑦＝⑧）

販売管理費⑦		35,000		50,000		65,000
営業利益⑧		−11,000		0		15,000

完成した予測PL（損益計算書）

製品区分		製品単価	2023(Plan)		2024(Plan)		2025(Plan)	
			件数	金額	件数	金額	件数	金額
売上合計			8	30,000	14	62,000	22	100,000
A商品	松セット	8,000	0	0	2	16,000	4	32,000
	竹セット	5,000	3	15,000	5	25,000	7	35,000
	梅セット	3,000	5	15,000	7	21,000	11	33,000
売上原価				6,000		12,000		20,000
粗利益				24,000		50,000		80,000
販売管理費				35,000		50,000		65,000
営業利益				−11,000		0		15,000

STEP6

2 資金計画を考える

まず計画ステップ1として、前ページで作成した3カ年の予測PLをもとに収支計画を立てます。この際、利益については単年度だけでなく、累積の利益も算出しておきます〈右図計画ステップ1①3カ年収支計画表（サマリー）参照〉。

次に計画ステップ2として、入金、出金のタイミングを考慮した数値の試算を行います。すなわち会計の「保守主義の原則」に従って、入金に関しては当期売上の80%だけを計上し、残り20%は翌期売上に計上する形で見積もり、逆に、出金に関しては、当期に費用の100%を支払う形で見積もります。

次に計画ステップ3として、上記をもとに現金収支計画表（予測キャッシュフロー）を作成します。当該ケースでは、累積の損失額の最大値は2340万円（第2期）であることがわかります（右図計画ステップ3②現金収支計画表参照）。

最後に計画ステップ4として、準備すべき必要資金を試算します。必要資金とは「事業撤退時にかかるリスク金額」を指します。その計算方法としては、計画ステップ3で見積もった累積損失額の最大値に従業員の退職金額を加えて算出します。当該ケースでは2660万円が必要資金ということになります（右図計画ステップ4参照）。

起業する人が上記必要資金の全額を自己資金で準備できれば理想的ですが、現実的には厳しいので何らかの形でこの資金を調達する必要があります。たとえば、銀行から融資を受けたり、インキュベーションファンド、クラウドファンディングを活用する方法が考えられます。いずれにしても、その際キーとなるのが事業計画書です（これまで本書で解説してきた内容をまとめたもの)。

この事業計画書を武器に、いかに説得力のあるプレゼンを実施して資金調達を成功させられるかが事業をスタートする最初の関門となります。

[資金計画の立て方]

計画ステップ1 収支計画を立てる

①3カ年収支計画表(サマリー) (単位:千円)

	2023(Plan)	2024(Plan)	2025(Plan)
売上	30,000	62,000	100,000
費用(売上原価+販売管理費)	41,000	62,000	85,000
営業利益	−11,000	0	15,000
営業利益率	−37%	0%	15%
累積利益	−11,000	−11,000	4,000

計画ステップ2 入金・出金のタイミングを想定する

入金タイミング	当期売上の80%が当期中に入金され、20%が翌期に入金されると想定
出金タイミング	当期に費用の100%を出金すると想定

計画ステップ3 現金収支を計算する

②現金収支計画表 (単位:千円)

	2023(Plan)	2024(Plan)	2025(Plan)
入金	24,000	55,600	92,400
出金	41,000	62,000	85,000
現金収支	−17,000	−6,400	7,400
現金収支残高	−17,000	−23,400	−16,000

計画ステップ4 必要資金を計算する

現金残高の最小値
第2期末において
累積損失2340万円

+

余裕資金(撤退時の退職金等)
第2期末において
退職金など320万円

=

2660万円

社員4人×40万円×2カ月として計算

STEP6

3 利益を確保するために変動費と固定費を洗い出す

事業計画を策定するうえでは売上もさることながら、それ以上に利益に対して十分な注意を払わなければなりません。新規事業を実際にスタートさせた後に、どんなに売上があっても利益がマイナスの状態が続くようであれば事業を維持できなくなります。そのような事態を避けるためにも、事業計画をまとめる段階で確実に利益を上げられるか否かをしっかりと分析しておくことが必要です。

この利益に関する検討を行う際には、先に紹介した「利益の公式」(P114) を常に念頭に置くとよいでしょう。そこで述べたように、利益は売上から費用を差し引くことによって導き出されます。また、費用は変動費と固定費で構成されており、それらを削減することが利益を上げるうえでは非常に重要になります。

したがって、利益を確保できる事業計画を作成するために変動費と固定費の中身を徹底的にチェックしておきます。変動費としては資材調達費、営業経費、マーケティング費用等が、固定費としては、人件費、オフィス家賃、光熱費等が具体的な項目としてあげられます。それらを隅々まで洗い出すのです。

ことに新規事業では、営業、マーケティングに力を入れることが通常以上に求められるので、営業経費、マーケティングへの投資が過大になる傾向が見られます。そのため、それらの費用を適正な額に保つ意識を持つことが強く求められることになるのです。

[固定費と変動費]

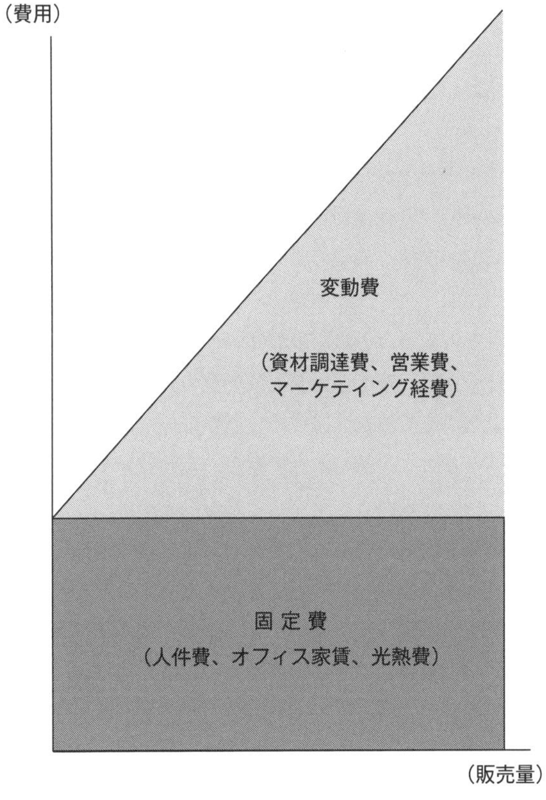

スタートアップビジネスでは、初期費用を抑えるため、できるだけ固定費の変動費化を考える

(例)

1. オフィスに関しては、本社の空室を間借りしたりレンタルオフィスを利用したりする
2. 間接業務(事務処理関係、マーケティング関係)要員は、アウトソーシングを考える

STEP6
4 シナリオプランニングにより代替案を用意する

利益を確保できる事業計画を作成するためには、損益分岐点の検討も不可欠となります。

損益分岐点とは、企業の損益がゼロになるときの売上高であり、そのイメージは右ページのグラフのような形になります。原点から右上がりに表されているのは売上高、横軸と平行に引かれている線は固定費、固定費の上の斜めの線は変動費を表しています。前述のように、固定費は売上の増減に関係なく一定額であり、変動費は売上の増減に応じて変化することからこのような形になります。

損益分岐点は、売上高の線と変動費の線が交わっている点になります。この損益分岐点の位置が低いほど事業は利益が出やすくなります。そして、固定費、変動費が少なくなればなるほど損益分岐点は下がることになります。

新規事業で着実に利益を出すためには、このような損益分岐点のイメージを頭の中で思い描けるようにしておくことが求められます。

また、利益を確保できる可能性を上げるためには「シナリオプランニング」の考えを取り入れることも有効です。シナリオプランニングとは、事業を取り巻くマクロ、ミクロの環境等に関して様々な未来像を想定し、それぞれに対応した売上シナリオと事業計画を事前に用意しておく手法です。たとえばプランA、プランB……など複数の売上シナリオに対応したプランを準備しておき、なおかつそれぞれについて損益分岐点もイメージできるようにしておくことが大事です。

[損益分岐点とシナリオプランニング]

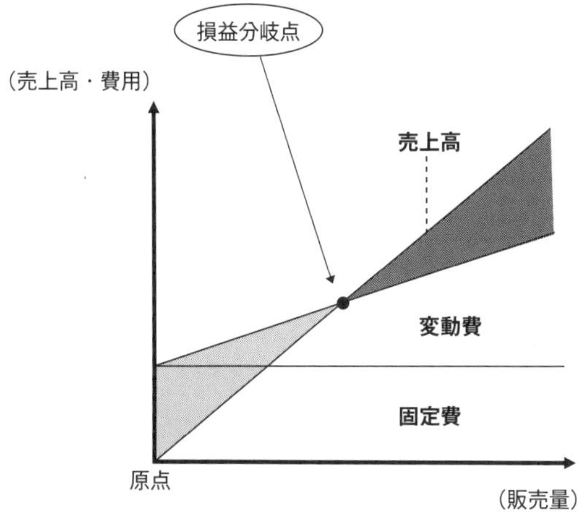

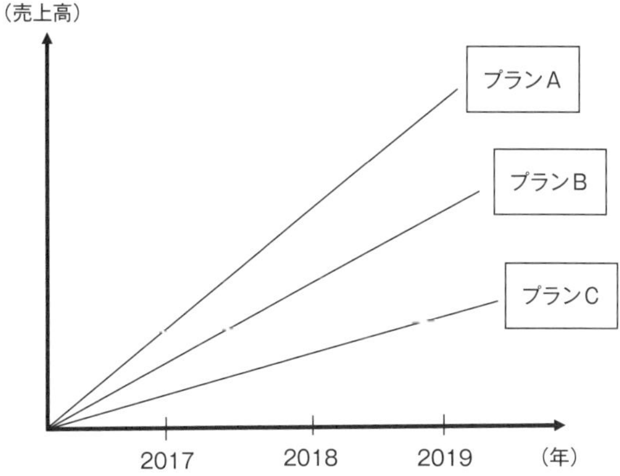

STEP6
コラム

市場規模の予測～フェルミ推定の活用～

事業アイデアを実際の新規事業として採用するか否かを判断する際、採算性の観点からもポテンシャル市場であるかどうかを知ることは非常に重要です。しかしながら新規事業の場合、十分な統計データの揃っていない未知の市場であることが多く、市場規模を推定することは容易ではありません。そこで活用可能な経営ツールとして今回は「フェルミ推定」という手法を紹介したいと思います。

フェルミ推定（Fermi estimate）とは、実際に調査することが難しい捉えどころのない数・量をいくつかの手掛かり（右記のような基礎的な統計データ）を前提に論理的に推論し、短時間で概算する推定法です。これはエンリコ・フェルミ（イタリア出身、ノーベル賞受賞物理学者）によって提唱された方法論です。

それでは、右ページにフェルミ推定の具体的な問題と解法を提示しますので、下記の「推論のステップ」に従っていることを確認してください。

① まず、解答方針としての推論のステップを決める。

② その際、各ステップで使用するデータは誰もが入手可能な統計データとする。

③ ②の統計データを使い①のステップに従って解答を導き出す。

(参考) フェルミ推定で役立つ基礎的な統計データ

(日本の場合)
人口：12,000万人
東京都の人口：1,400万人
国土面積：38万平方km
平均寿命：84歳
出生数/年：100万人
労働力人口：6,600万人
非正規雇用者数：2,100万人
(全体の1/3)
平均年収：410万円
大企業の数：1.1万社
(上場企業；3700社)
中小企業の数：380万社
(99%以上)

[フェルミ推定の問題と解法]

(問題) 日本にいる猫の数は何匹か、推定してください。

(アプローチ) 解答方針を決める。
ペットとして飼育している猫の数に絞る。
(日本の世帯数) × (猫の所有率) × (1世帯あたりの平均所有数) で算出。

(解答方法)
(日本の世帯数) 1世帯平均3人とすると、
1億2000万人÷3人=4000万世帯…①
(猫の所有率) 動物の所有率50%×その中の猫の所有率30%=15%…②
(1世帯当たりの平均所有数)
1匹だけ所有60%、2匹所有30%、3匹所有10%とすると、
1×0.6+2×0.3+3×0.1=1.5(匹)…③
①×②×③ より、
4000万×0.15×1.5=900万(匹)
となります。
ちなみに、統計的には飼育されている猫の数は964万匹 (2020年調査) とのことです。

「現役東大生が書いた 地頭を鍛えるフェルミ推定ノート」東大ケーススタディ研究会著
(東洋経済新報社) を参考に作成

STEP6 トライ

フェルミ推定を使ってみよう！

Aさん　フェルミ推定の概要はなんとなく理解できました。でも、自分に使えるか不安です。

講師　それでは、実際にフェルミ推定の問題を解いてみましょうか。戦略系コンサルティングファームの入社試験でも過去に出題されたことのある「日本にコンビニは何軒あるか？」という問題を一緒に考えてみましょう。この問題に関しては、実際グーグルで検索すれば一発で出てきますが、ここは頭の体操と思って、誰もが知っている基礎的な統計データだけで解いてみることにしましょう。

Aさん　うーんと。難しいですね。アプローチ方法が思いつきません。

講師　それではまず、日本全体ではなく東京もしくは大阪という一都市で考えて、後で人口比率等から日本全体の数値を推定することにしましょう。Aさんは、東京の面積を知っていますか？

Aさん　わかりません。

講師　そうですか。それでは電車で葛西から奥多摩までどれくらいの時間で行けると思いますか。

Aさん　2時間くらいでしょうか。

講師　電車のスピードを平均時速40kmとすると、40km×2時間で80kmになり、これが東京の東西（横）の長さと推定できます。同様に電車で赤羽から多摩川に行くのに1時間かかるとすると、40km×1時間で40kmになり、これが東京の南北(縦)の長さになります。よって、東西（横)×南北(縦)により、東京の面積は推定で3200km²ということになります。ここで、東京は山地が1/4ほどあるので、実際にコンビニが存在する平地は3200km^2×3/4で2400km^{2}となります。

Aさん　なるほど。ここからどうすればよいのですか？

講師　東京の面積がわかったので、次にコンビニ1店舗あたりの面積（商圏）を推定し、（東京の面積）÷（コンビニ1店舗あたりの面積）で東京のコンビニの数を推定します。それでは、コンビニ１店舗あたりの面積（商圏）を考えてみましょう。Aさんは東京の各駅電車の１駅区間に何軒のコンビニがあると思いますか？

Aさん　10店舗くらいですか？

講師　電車の１駅区間は3分くらいなので、時速40㎞のスピードとすると40km ×3/60分で、1駅区間は２kmとなり、２㎞四方つまり４km^{2}に10店舗コンビニがあると推定できます。

Aさん　つまり、0.4km^{2}に1店舗あるという計算ですね。

講師　そのとおりです。したがって、東京のコンビニは2400÷0.4で6000店舗あることになりますね。それでは日本全体のコンビニの数はどのように計算できますか？

Aさん　（日本の総人口）÷（東京の人口）で比率を出して、東京のコンビニの数に掛ければいいと思います。

講師　正解です。それでは計算してみてください。

Aさん　1億2000万人÷1400万人×6000店舗で、およそ5万1400店舗になります。

講師　よくできました。ちなみに、実際のコンビニの数は5万6948店舗（2021年１月集計）となっており、近似値で算出することができましたね。今回は面積比、それに人口比を使って算出しましたが、アプローチ方法は1つではありませんので、別の方法も考えてみてくださいね。

「現役東大生が書いた 地頭を鍛えるフェルミ推定ノート」東大ケーススタディ研究会著
（東洋経済新報社）を参考に作成

STEP 7

「計画」を実行に移す

～成功事例から学ぶ
新規プロジェクト運営のポイント～

STEP7 1

5原則にしたがって事業計画を実行する

いよいよ、最後のSTEPを迎えました。このSTEP 7では、事業計画を実行に移していきます。

計画実行をスムーズに進めるために、まずは以下の5つの原則を頭に入れておきましょう。

1. 長期目標をブレイクダウン（週レベルまで）

長期目標を達成するためには短期の目標を設定することが必要になります。長期目標を分解・分析して、週レベルで取り組む目標にブレイクダウンします。

2. 各自、短期の具体的目標（KPI）の達成を目指す

短期化した目標は、個人や部門などの業績を定量的に評価する指標であるKPI（Key Performance Indicators）の形に整理して、その達成を促していきます。

3. 小さなPDCAを繰り返し実施

短期目標を実現するためにPDCAサイクルを何度も回します。PDCAの詳細については次節で取り上げます。

4. 各チェックポイントで軌道修正

計画を実行していくプロセスでは、目標達成度等を定期的にチェックする機会を設けます。その際に、何らかの問題があることが判明したら軌道修正を行います。

5. スパイラルアップ方式による長期目標の達成を目指す

スパイラルアップしながら短期の目標達成を繰り返していくと長期の目標が見えてきます。短期的な作業の中には地道な努力が求められるものも多いですが、成功を信じて辛抱強く取り組みましょう。

[計画実行の５原則]

1. 長期目標をブレイクダウン
（週レベルまで）

2. 各自、短期の具体的目標（KPI）の
達成を目指す

3. 小さなPDCAを繰り返し実施

4. 各チェックポイントで軌道修正

5. スパイラルアップ方式による
長期目標の達成を目指す

・スパイラルアップとは?
下図のようにPDCAのサイクルを回しながら
継続的な「カイゼン」活動を進めていくこと

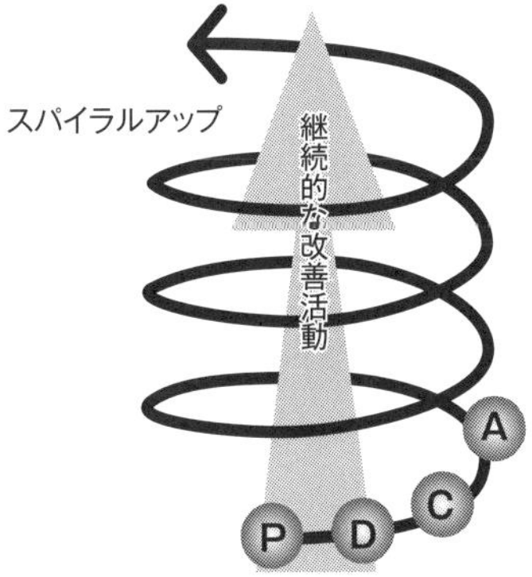

STEP7 2

PDCAサイクルを回しながら目標を達成していく

事業計画の実行は「PDCAサイクル」を回す形で進められていくことになります。

目標を達成するために仕事を効率化するプロセスを策定し管理する手法をマネジメントサイクルといいます。PDCAサイクルは典型的なマネジメントサイクルの1つであり、具体的には「計画(Plan)」➡「実行(Do)」➡「評価(Check)」➡「改善(Action)」のプロセスを順に実施し、最後のActionにおいて改善策を次回のPlanに結び付けていくという手法になります。

最近、書店に立ち寄るとこの「PDCA」に関する書籍が多く並べられているのに気づきます。特に「高速PDCA」というタイトルの本がたいへん、目につきます。実は、こうしたタイトルにも示されているように「高速でPDCAサイクルを回す」ことは事業計画を実現するうえで非常に重要なことなのです。というのは、現在のように何が正解かわからない不確実な状況の中で目標を達成する（結果を出す）ためには、試行錯誤を繰り返す、言い換えれば小さな失敗を繰り返しながら改善する中で「正解」を見つけ、目標を達成することが必要となります。そのためには、高速で何度もPDCAのサイクルを回していくことが求められるのです。

PDCAサイクルを実践するうえでは、もう1つ重要なポイントがあります。それは計画段階で「目標」にKPIを設定するということです。KPIの形で具体的な数値目標を持つことによって目標がより明確になり、進捗、評価を客観的に「見える化」することが可能となるのです。

[PDCAサイクル]

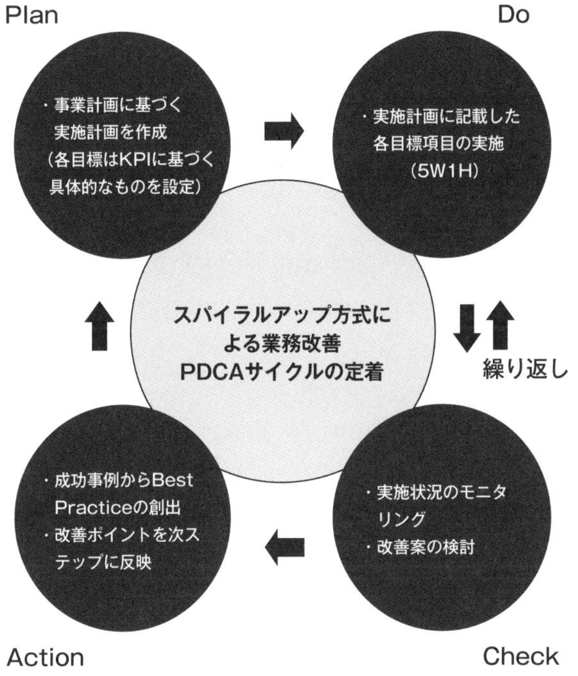
Plan
・事業計画に基づく
実施計画を作成
（各目標はKPIに基づく
具体的なものを設定）
Do
・実施計画に記載した
各目標項目の実施
（5W1H）
スパイラルアップ方式に
よる業務改善
PDCAサイクルの定着
繰り返し
Check
・実施状況のモニタ
リング
・改善案の検討
Action
・成功事例からBest
Practiceの創出
・改善ポイントを次ス
テップに反映

STEP7

3 「成功報酬」を明確にしメンバーのモチベーションを維持する

ここまでは新規事業プロジェクトを推進するための知識やノウハウを中心に解説してきましたが、STEP 7の実行段階において最も重要になるのは「マインド」です。

一般に起業や新規事業は非常に成功確率が低く、困難な仕事であることから、当事者には強靱な精神力が求められることになります。営業やアスリート経験者ならおわかりになるかもしれませんが、最後に勝ちを決めるのは「諦めない心」を持ち続けることなのです。

そこで、プロジェクトを成功裏に進めるためには各メンバーの「ゴール」＝「成功報酬」を明確にすることで、モチベーションを維持する必要があります。成功報酬の形は、会社や人によって様々に考えられるでしょう。金銭的報酬や希望するポジションへの異動（昇進）かもしれませんし、あるいは同僚たちからの心からの称賛かもしれません。いずれにしても、プロジェクトのスタート前にメンバーに対して報酬が明らかにされていることが望ましいです。

そのためには、プロジェクトリーダーが各メンバーの資質、希望を確認したうえで、プロジェクトオーナーと事前に掛け合って最適な成功報酬の確約を勝ち取っておかなければなりません（なお、新規事業は既存事業とは切り離したビジネスモデルとして考えておく必要があります）。

他方で成功報酬とは逆に、失敗した場合の責任の取り方を決めておくことも必要です。メンバーを真剣に新規事業に取り組ませるうえでは、このように信賞必罰をはっきりさせ十分な覚悟をもたせることが大切になるはずです。

[メンバーのモチベーションの維持]

STEP7

4 チームマネジメントのポイント

前トピックスでもお話ししましたが、新規事業プロジェクトを成功させるためには各メンバーのモチベーションを維持していくことが極めて重要になります。そのためには、十全なチームワークを生み出すための組織運営が、すなわち適切なチームマネジメントが求められることになります。そのポイントは以下の４つにまとめることができます。

第一に、プロジェクトオーナーからのオーソライゼーションは必須です。取締役など強い権限を持った役職にある者がプロジェクトオーナーとして後ろ盾になっていれば、メンバーは「理不尽な理由で中止を命じられるようなことはないはず」と安心してプロジェクトに取り組むことができます。

第二に、プロジェクトメンバーを選定する際には業績面だけでなく、資質（マインド）面についても考慮しなければなりません。能力は優れていてもプロジェクトに対して前向きな気持ちで取り組める人材でなければ、チーム全体のモチベーションに悪影響が及ぶおそれがあります。

第三に、常にツーウェイコミュニケーションを意識します。具体的には、週次会議、週報チェック等の機会を設け、上司（リーダー）と部員の間で週レベルできめ細かな双方向のコミュニケーションをとることが望ましいです。

第四に、四半期ごとに会社の保養所など社外の施設を使ってオフサイト会議、キックオフ会議を開催することをお勧めします。こうした日常からかけ離れた空間でのリフレッシュ、ガス抜きを経ることでモチベーションがアップし、チームの団結力がより強化されることが期待できます。

[チームマネジメントの４つのポイント]

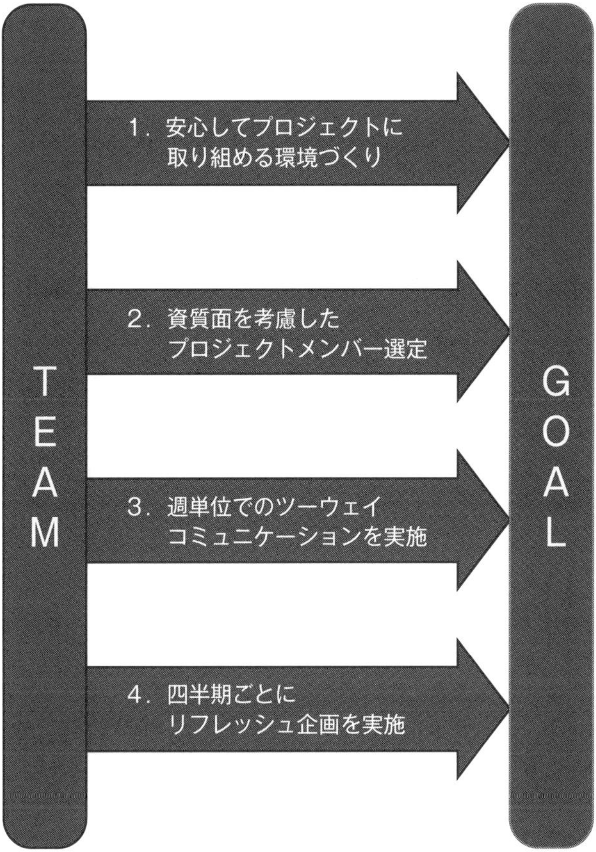

STEP7

5 案件パイプラインマネジメントで進捗を管理する

事業計画の実行段階は、言い換えれば新製品・サービスをターゲット顧客に向けて紹介し、販売していく段階といえます。このような紹介、販売等の各プロセスにおける進捗管理を効率的に行う手法として「案件パイプラインマネジメント」が知られています。

その典型的なモデルを示すと、下図のような漏斗状（ファネルともいう）のイメージになります。左から右に案件が各フェーズを通過するごとに絞り込まれて最後までたどり着いた案件が成約に至ることになります。このモデルにしたがって営業の流れを説明すると、たとえば、あるセミナーの参加企業が100社あったとします。そのうち30社が新製品に興味があり詳細説明を希望していれば、この30社をリードに昇格させます。さらに、営業に訪問させ、このうちの15社

[案件パイプラインマネジメント]

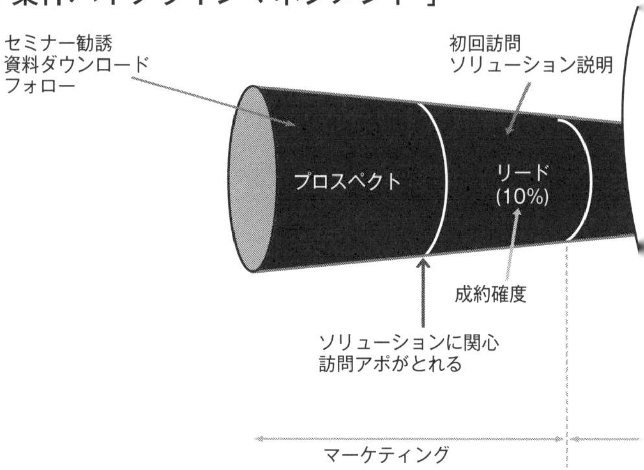

が具体的検討に進む場合、これらのリードを案件（パイプライン）化して商談活動を進めます（「具体的検討に進む」か否かを判断するうえでは「予算がある」「キーマンを把握」「要望、課題がある」「購入時期の締め切りがある」の４項目のうち最低２項目をクリアしていることを基準とします）。さらにこのうち７社の見込み客から提案書のリクエストが出たら、案件のステージをチャレンジに上げて提案活動を進めます（この段階ではまだ競合会社が存在します）。そして、このうち４社から最終ベンダーとして選ばれると、これらの案件はコミットのステージに昇格します。さらに契約条件を整えて３社から契約が取れるとクローズとなり、次フェーズ（導入フェーズ）に進むことになるわけです。

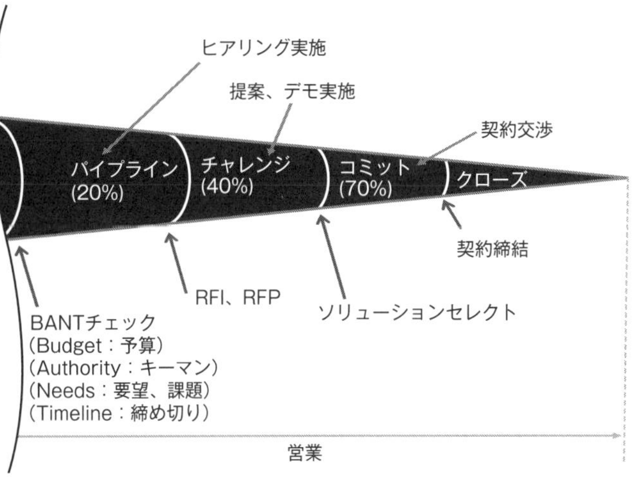

STEP7

6 顧客カルテで顧客マネジメントを実施する

案件パイプラインマネジメントを営業マネージャーと営業担当者の間でスムーズに進めるためには、そのコミュニケーションを媒介する「顧客別案件シート（顧客カルテ)」を作成する必要があります。昨今はSFAやCRMのようなシステムでの管理も進んでいますが、必要な情報が網羅されていれば最初はエクセルで始めても基本的なコンセプトは変わらないので十分です。

右ページにあげたサンプルが示すように、顧客カルテは大きく顧客の基本プロファイル情報と案件情報から構成されています。案件情報には案件ニーズ、客先キーマン、提案内容、予算、成約時期といった基本情報に加え、営業進捗状況、成約確度、リスク、要望事項など日々更新される情報が記され、それらをアップデートしながら営業プロセスを進めていくことになります。また、毎週Action項目をセットし、レビューしていくことで、営業担当者の行動管理、コーチングも可能となります。

さらに大規模案件の場合には、より本格的なアカウントプラン資料を作成する必要があります。具体的には、有価証券報告書あるいは公開企業情報などをもとに、財務分析、SWOT分析等で企業全体の収益性、成長性等の診断を行った後に、客先ヒアリングによって客先個別ニーズ（カスタマーペイン）を把握します。そして、それらに対する解決策をこれまで紹介してきた経営のフレームワークから見出し、自社製品と組み合わせて効果的なソリューションにまとめあげてから提案することになります。

[顧客マネジメント～顧客カルテの作成～]

(顧客カルテのサンプル)

		顧客名:		
顧客基本情報	業種		事業内容	
	代表者		担当者	
	本社所在地		電話番号	
	設立年度		Eメール	
	年商		営業利益	
	従業員数		取引状況	
案件情報	案件No:	案件名:		
	担当営業		前任営業	
	案件ニーズ		案件ソース	
	案件提案製品		提案金額	
	成約予定月		競合会社	
	パイプラインステージ		成約確度(%)	
	客先キーマン		コンタクト状況	
	予算承認状況		リスク	
	なぜ、今か?		要望事項	
	営業状況			
	Action Plan	今週のAction項目　&　結果		次週のAction項目

STEP7

7 顧客組織図で取引相手のデシジョン・プロセスを把握する

顧客マネジメントの一環として、前述した顧客カルテのほかに客先内の組織図（人物相関図）もまとめると営業活動をより効率的に進めることが可能となります。その作成例を右ページに示しました。一見すると単なる公式の組織図のように見えるかもしれませんが、アルファベットとその横に記号が書き込まれているところがポイントです。

まず、アルファベットは意思決定における役割を示したものです。すなわち「A」は承認者を、「D」は意思決定者を、「E」は評価者を、「U」はエンドユーザーを意味しています。この図においては常務が承認者であり、人事本部長が意思決定者、情報システム部長と採用担当課長が評価者、人材開発担当課長と人事企画課長がエンドユーザーの役割を担っているわけです。一方、記号は自社との関係を示しています。「★」がメンター（助言者)、「+」が支援者、「=」が中立、「－」が非支援者、「×」が反対者を意味します。この図においては採用担当課長がメンター、人事本部長と人材開発担当課長が支援者、常務と情報システム部長が中立であり、人事企画課長が非支援者とみなされています。なお、このケースでは反対者はいません。

このように案件にかかわるメンバーに注目し、各メンバーの立ち位置や意思決定プロセスにおける役割を書き込んだ顧客内の人物相関図を作成することにより「客先の誰に、社内の誰をぶつけて攻略するか」等の戦略を効果的に練ることも可能になります。

[顧客組織図とデシジョン・プロセス]

(例)

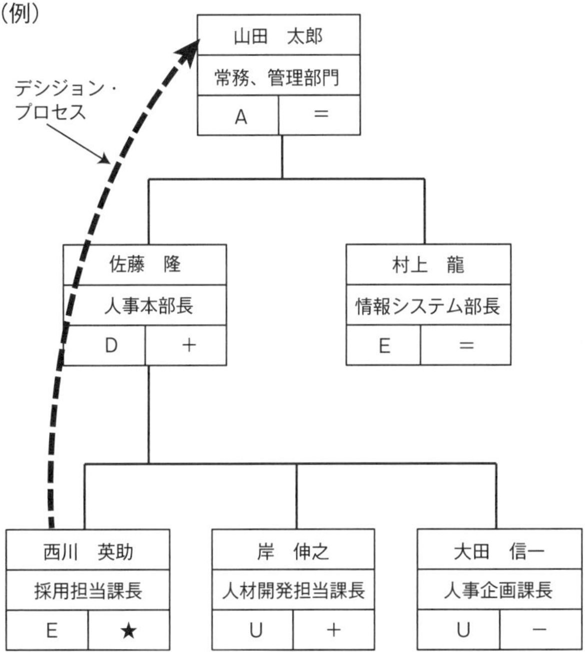

役割	
A	承認者
D	意思決定者
E	評価者
U	エンドユーザー

自社との関係	
★	メンター
+	支援者
=	中立
−	非支援者
×	反対者

(「TAS式組織図」を参考に作成)

コラム 1

メンバーシップ型から ジョブ型の雇用へ

「日本的経営」の根幹を支える日本の人事制度は、終身雇用、年功序列をベースにした「メンバーシップ型」人事システムと呼ばれ、欧米の「ジョブ型」人事システムとは対照的な仕組みで運用されています。「ジョブ型」は仕事に対して人が割り当てられるスペシャリスト型であるのに対して、「メンバーシップ型」は人を採用してから仕事を割り当てるジェネラリスト型です。たとえば日本企業の場合、同期入社であれば一定の年齢までは、一部を除き評価に大きな差をつけない傾向などをあげることができます。

ところが2020年から続くコロナ禍のもと、リモートワークという働き方改革が進行し、定着してきています。これは単に物理的な職場環境の変化にとどまらず、本質的な雇用制度の改革を誘発しています。すなわち「メンバーシップ型」雇用制度のもと大量に生産された中間管理職という名のジェネラリストは、リモートワークにおいてその存在価値をあらためて問われる状況に直面しているのです。実際、すでに日立製作所、資生堂、富士通、KDDIといった日本を代表する大企業では「ジョブ型」人事制度への移行をいち早く表明しています。ちなみに、右図は日本を取り巻く雇用環境の変化を図式化したものです。

このように、現在「ジョブ型」人事制度への移行が検討されるなか、「ジョブ型」を前提に設計された「タレントマネジメントシステム」の必要性が再認識されてきています。そこで、次ページ以降では、タレントマネジメントシステムについて解説していきます。

[コロナ禍で変わる働き方改革の本質]

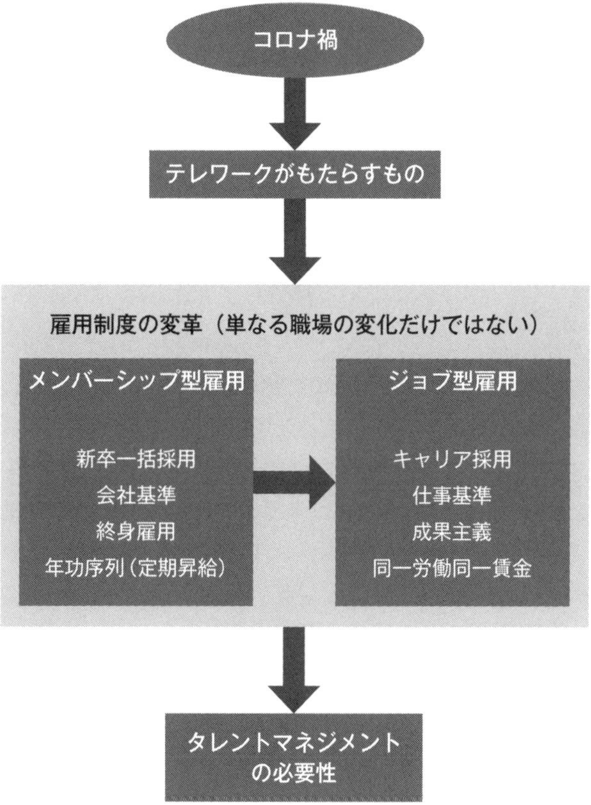

コラム

2 タレントマネジメントとは何か

新規事業にしてもビジネスモデルの再構築にしても、その成否のカギを握っているのは「ヒト（人材）」です。すなわち、戦略的な人材管理に基づいて個々の社員の「タレント（能力）」を最大限に引き出し、適材適所の人員配置を行っていくことによって、企業全体としてのパフォーマンスや生産性を持続的に向上させていくことが可能になるわけです。こうした一連の戦略的人材管理のプロセスをサポートするシステムとしてここ数年注目を集めているのが「タレントマネジメントシステム」です。このシステムの日本における黎明《れいめい》期に私自身が市場開拓を行った経緯もあることから、本書の最後にコラムとしてこのテーマを取り上げてみたいと思います。

右図はタレントマネジメントシステムの全体像を表したものになります。最近の人事マネジメントシステムは最新のテクノロジー基盤の上に構築されています。具体的には、社員同士のコラボレーションを促進させる「ソーシャル」、社員の働き方を変えモビリティを加速させる「モバイル」、必要な情報を他システムから取り込む「システム連携」、人材に関するあらゆるデータの集積と分析を進める「ビッグデータ」、そしてより適切なキャリアをリコメンドする「AI」等で構成されています。これらのテクノロジー基盤の上に、社員のタレントを開発するための人材管理プロセスが、具体的には、人材プロファイルDBを核とした「採用、内定」から「後任計画」に至る一連の流れが構築されるわけです。こうした人材管理に関する全体のプロセスや仕組みは広義の意味での「タレントマネジメント」と呼ばれています。

[タレントマネジメントとHRテクノロジー]

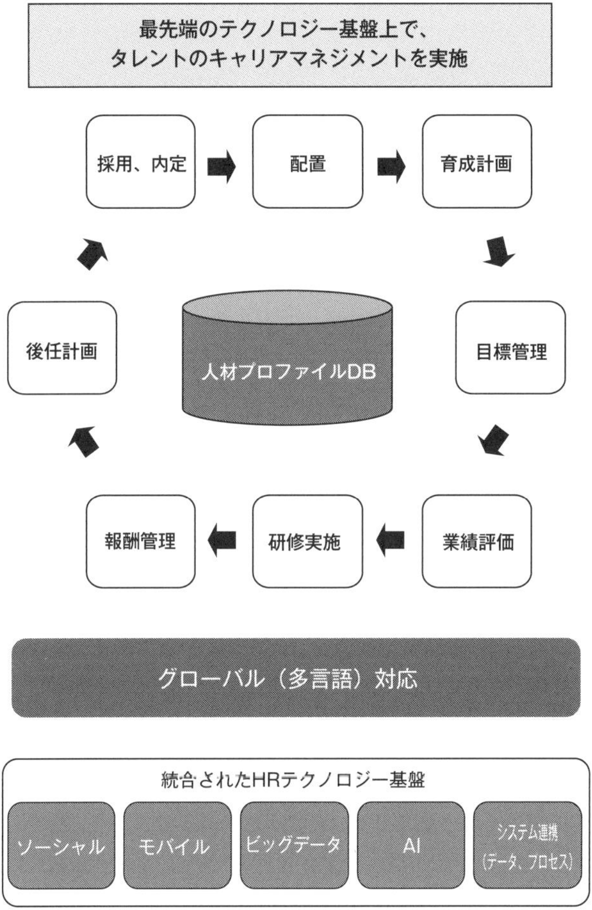

＊HRテクノロジー……ＨＲ（Human Resource）とは人材のことで、
HRテクノロジーとは人材管理システムを支える技術基盤のこと

コラム 3

氷山モデルを使ってタレントの構成要素を把握する

そもそもタレントとは何でしょうか？　どのような要素から構成されているのでしょうか？　タレント（能力）の構成要素についてまとめた右ページの「氷山モデル」を見ればその答えを知ることができます。まず、研修等で後天的に身につけられる能力として「知識」「スキル」が、一方、先天的に持って生まれた能力として「資質（人格・価値観・内的動機）」が示されています。そして、両者の境界線部分（氷山にたとえるなら水面に接している上下部分）は「コンピテンシー（思考・行動特性）」と呼ばれています。

近年、多くの企業がこのコンピテンシーを短期の業績評価と合わせてタレント評価の中核に位置づけています。その具体的な活用の流れを見ていくと、まずは会社の中でトップパフォーマーと呼ばれる人（業績上位５％）の共通の行動特性をインタビューにより抽出します。さらにその詳細な行動の内容、特徴を行動指標として定義し、ロールモデルとして確立します。一般の社員はこのロールモデルの行動特性を見習うことによりパフォーマンスを改善できるというのがコンピテンシーが注目されている理由です（参考までに人事コンサルティング会社のマーサー社が定義した28のコンピテンシーの体系を右ページに掲載しました）。なお、従来はタレント評価を行う際に単独の要素から分析するのが一般的でしたが、最近では知識・スキル・行動特性・資質・業績・経験・労働時間（活動記録）・給与といった様々な要素の組み合わせによる分析を通してより詳細なタレントの能力を浮き彫りにし活用していくことが期待されています。

[氷山モデル —— タレント（能力）の構成要素]

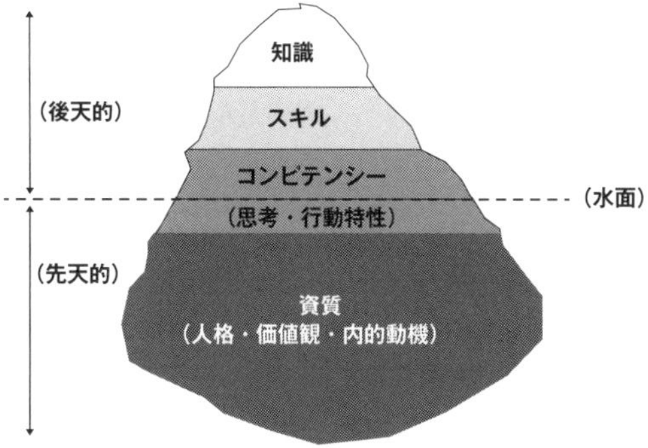

28のコンピテンシーの定義（マーサー社の体系）

	遂行	適応	統合	創造
自己	自己統制力	環境適応力	自己展開力	自己変革力
対人	対人関係力	対人サポート力	対人統合力	対人変革力
成果	成果追求力	成果調整力	成果統合力	成果創造力
戦略	戦略遂行力	戦略調整力	戦略立案力	戦略創造力
思考	論理追求力	論理伝達力	論理統合力	ビジョン構築力
情報	情報追求力	情報伝達力	情報活用力	情報発信力
時間	効率追求力	効率調整力	効率統合力	効率創発力

相原孝夫『コンピテンシー活用の実際』日経文庫（2002）

タレントの強み・弱みは単独の要素分析
ではなく、知識・スキル・行動特性・資質
等の組み合わせで決まる

コラム 4

次世代タレントマネジメントでは７つの機能を活用する

これからのタレントマネジメントシステムでは社員に関するあらゆる情報をインプット（右上図参照）して人材プロファイル統合データベースに集約した後に、アウトプットして多様な用途に活用（機能を提供）していくことが求められます。提供される主な機能としては以下の７つがあげられます。

(1) 多面的人材検索

社員の実績、経歴情報、知識・スキル、コンピテンシー、資質情報、勤怠情報等を複合的に分析して、求められる人材候補者をリストアップし、さらに比較条件提示により、絞り込んでいきます。

(2) 採用管理

人材の募集（エントリー）、書類選考、面接（1次、2次、最終）の実施、内定通知、オンボーディングまでの一連のプロセスをパイプライン管理できるとともに、採用チームのメンバーで候補者のタレント情報をリアルタイムで共有しながら有能な候補人材をスピーディに獲得することを可能にします。

(3) MBO、360度評価

MBO（Management By Objectives）とは目標管理のことで、パフォーマンスマネジメントとも呼ばれます。年初に目標を設定し上司と合意のうえ、半期もしくは期末に実施結果をレビューする仕組みで、狭義のタレントマネジメントとも呼ばれます。主に業績とコンピテンシーが評価対象となり、ラインマネージャーとの間で行われるものに加え、多面的に上司、同僚、部下など関係する複数のメンバーからフィードバックを受け取る360度評価があります。

[次世代タレントマネジメントイメージ]

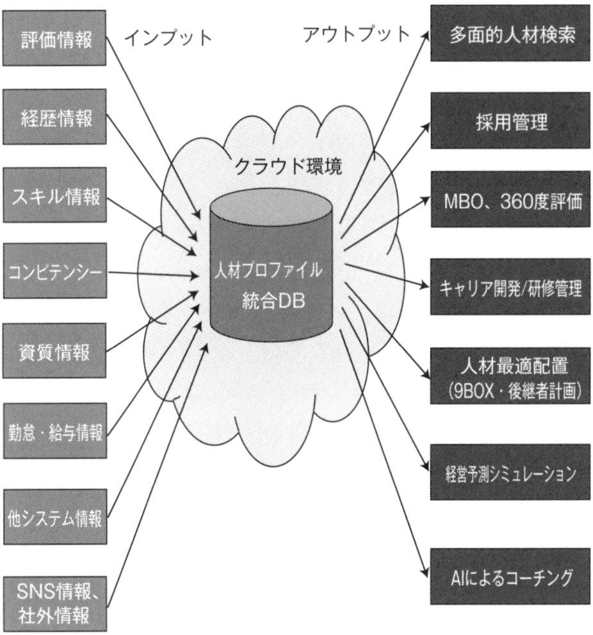

提供価値

タレントの実績・経験・スキル・行動特性・資質・勤怠等の情報にあらゆる関連情報を追加・統合し、組み合わせることにより、より多面的なデータ分析を可能にして、適材適所の人材管理、キャリア管理を実現すること。

右図は、「これまで」と「これから」のパフォーマンスマネジメントの違いを示しています。

すなわち「これから」のパフォーマンスマネジメントは、

①年度単位のレーティング・ツールからリアルタイムのコーチング・ツールへ

②過去志向・減点主義から未来志向・加点主義へ

③トップダウンの目標設定から、個人・チーム起点の目標設定へ

④競争重視からコラボレーション重視へ

移行していくと考えられます。

(4) キャリア開発 / 研修管理

キャリア開発とは個々の社員が将来のキャリアプランについて目標を設定する機能です。一方、研修管理はその目標に到達するために、現在の能力（コンピテンシー、スキル）と目標とするロール/ポストの能力のギャップを埋めるための研修を提供、管理するための機能です。

(5) 人材最適配置（9BOX、後継者管理）

この機能は前述の（1）多面的人材検索機能と合わせて利用されます。たとえば、将来の幹部候補を（1）の機能でリストアップし、その候補者を人材プールとして登録した後、9BOX（縦軸、横軸に異なるタレントの要素をとりクロス分析するチャート）を活用して、一定期間各候補者の能力を見極めながら最終候補者を絞り込むなど、適材適所の人材配置を支援します。

(6) 経営予測シミュレーション

(5)の機能を活用して、次年度もしくは3年後の企業パフォーマンスを極大化できる人材配置、組織をシミュレーションし、次期事業計画の作成、特に要員計画の策定を支援します。

(7) AIによるコーチング

これは将来追加される予定の機能になります。たとえば、従来上司が行っていた部下指導の一部をAIに行わせます(AI情報解析機能を駆使して、受講すべき研修メニュー、行動指標のアドバイスを提供するなど)。

[パフォーマンスマネジメントの基本原則]

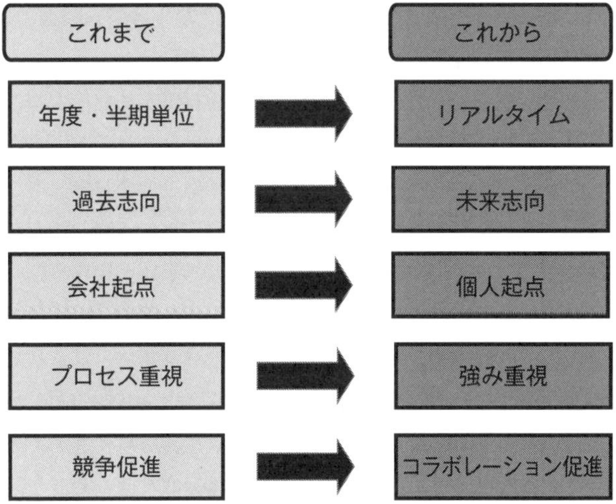

松丘啓司『人事評価はもういらない』ファーストプレス (2016)

コラム 5

9BOX分析によりタレントの分析を行う

前項で触れた9BOX分析手法のチャートは、タレントのポジショニングチャートといえます。その活用方法についてもう少し詳しく解説します。右図をご覧ください。そこに示されているように、従来の9BOX分析では横軸にパフォーマンス、縦軸に潜在力もしくはコンピテンシーをとり、候補者をマッピングするのが主流でした。

しかし、次世代のタレントマネジメントはより複雑化・多様化しています。そうしたニーズにこたえるために、たとえば、よりピンポイントで専門性が要求される特定ポジションの候補者をマッピングする場合には、コンピテンシーやスキルの内容を絞り込み、クロス分析を行うことが考えられます。具体的には、海外赴任者を選定する場合であれば、スキル・知識としては語学力、コンピテンシーとしては対人調整力、折衝力などで絞り込むことが考えられます。

また、9BOX分析チャートでは最適な採用元を分析することができます。つまり、得られた分析結果からは「どの紹介元から採用した人間が入社後に活躍しているのか」を採用コストとのバランスを含めた形で分析することも可能となるわけです。さらに、生産性の分析を通して効率的な働き方の行動指標を提示することもできます。昨今、人手不足の問題と絡んで、労働時間、残業時間の問題がクローズアップされていますが、それらの問題を解決するためには生産性の向上が求められることになります。そうした観点からも、9BOX分析は企業改革を進めていくうえで、今後、非常に重要な役割を担っていくものと考えられます。

[タレント分析の例（9BOX分析チャート）]

従来の9BOX分析

（潜在力・パフォーマンス分析）

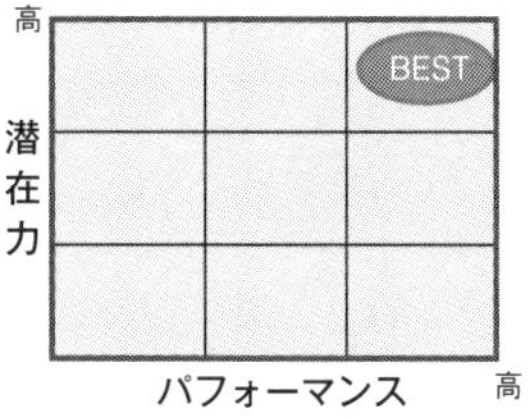

（コンピテンシー・パフォーマンス分析）

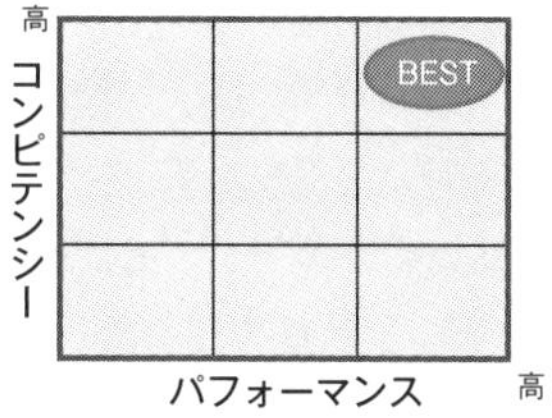

進化する9BOX分析

（海外赴任候補の選抜）

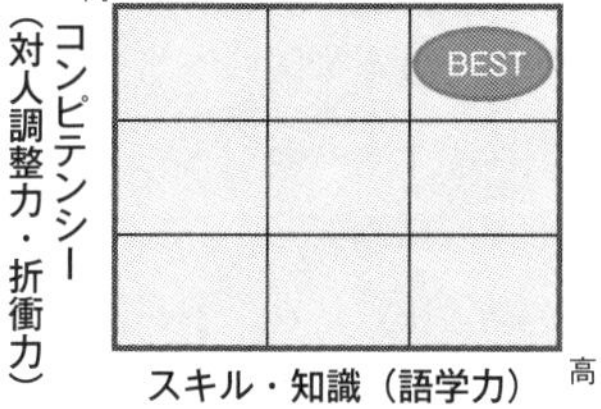

（採用ソース分析）

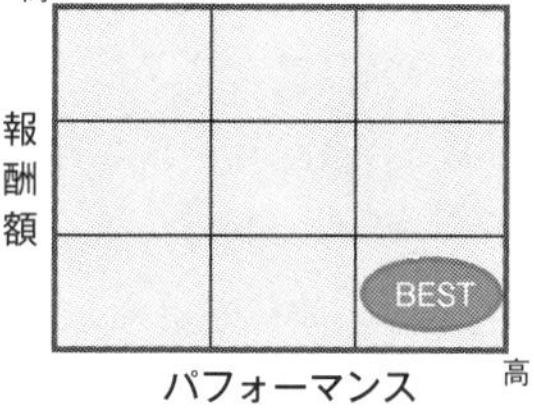

（新規事業担当者の選抜）

（生産性分析）

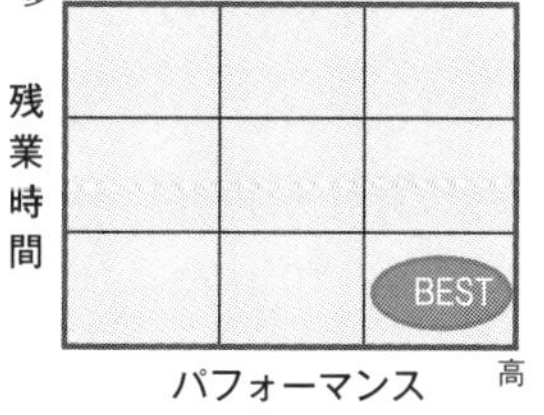

コラム 6

自らの事業立ち上げ経験を通してお伝えしたいこと

さて、いよいよ最後のトピックスです。

ここでは私自身の事業立ち上げ経験の話を通して、プロジェクトを実行する際に最も重要となる新規事業に立ち向かううえでの「心構え」や「覚悟」について思うところを述べさせていただきます。

私は生来新しいことに挑戦するのが大好きで、これまでも30年間、異なる最先端ITを取り扱う外資系企業7社を渡り歩き、数々の新規事業を経験してきました（ちなみに、現在の会社名「カッティング・エッジ」は「最先端」という意味から命名した経緯があります）。

なかでも9年前に入社したサクセスファクターズ・インクという会社はシリコンバレーに本拠を置く米国のベンチャー企業で、私が入社した当時、日本人が1人もおらず、出会いは外国人ヘッドハンターからの1本の電話でした。

「現在、同社が日本への進出を検討しており、キーとなるカントリーマネージャーを探している」というものです。というと、おそらく皆さんは私がネイティブ並みの英語力を持つ人間だと思われるかもしれませんが、残念ながら実際はネイティブには遠く及ばないレベルでした。しかしながら、当たって砕けろの精神で十数人の外国人との面接（直接会ったり、Skypeでインタビューを受けたりして）を「熱意」を伝えることでなんとかクリアしました。

ところが、ちょうど入社が決まりかけた矢先に米国本社がナスダックに上場することになり、株価が落ちつくまで日本と中国（ダブルバイト圏）への進出を当面延期することになったのです。それから半年ほど経って忘れかけていた頃、突然私の携帯電話が鳴ったのです。

ヘッドハンターではなく、当時の同社APAC担当副社長(ハイヤリングマネージャー) からの直電で「今度、CEOが日本に行くので会ってほしい」というものでした。

CEOとのミーティングはとても興味深いものとなりました。彼は、1を100にする人間よりも0を1にする人間を尊敬するといい、私の過去のスタートアップ立ち上げ経験を高く評価してくれました。その後、「あなたは動物にたとえると何だと思う?」など興味深い質問をいくつかぶつけてきました。最後に「英語力」について確認すると、「私は通訳に会いに来たのではない。ビジネスマンに会いに来たのだ」とうれしい一言を言ってくれ、それは同時にわずか60分で入社が決まった瞬間となりました。とはいえ、その後もランゲージ・イシューはいろいろと私を悩ませました。

まず、日本のカントリーマネージャーということで、入社前に知能検査、適性検査等を英語で受けさせられました(外資系企業一筋ですが、初めての経験でした)。英語の読解スピードのハンディもあり、数学以外は圧倒的に時間が足りない状況でしたが、なんとか入社にこぎつけました。

入社後の米国でのブートキャンプ(1週間の集中合宿研修)も、欧米人40人の参加者の中でたった1人の日本人の立場がいかにアウェイな状況か容易に想像してもらえると思います。

このとき、私は1つの「覚悟」を決めました。それは、

「英語でネイティブのように言い訳をうまく言えない以上、数字で結果を残すしかない。実績で生き残ってやる!」というものでした。実際、幸運にも恵まれ、節目節目で実績を残すことができ、SAPに買収されるまでの5年間、社長として会社を成長させることができました。

研修から帰国後は、まず、Go-To-Market Plan（事業計画）の作成から着手しました。

これまで本書でも紹介したように、まず現状分析（SWOT、5F、STP）を行い、4P等による事業戦略を立て、ビジネスモデルを考え、3年後の売上目標を決め、そこからブレイクダウンして、毎年のターゲットとなる売上、さらにそれをディール×獲得件数に落とし込む一方、その数字を達成するための予算、要員計画も同時に作成していきました。

並行して、アドミワークとしては外資系レンタルオフィスと契約を交わし、株式会社の登記手続きを司法書士と本社との間で進め、初期社員数名のハイヤリングを実施しました。寝る時間もないほど働きました。

また、スタートアップビジネスでは一人何役もこなすのが常識なので、私自身も社長兼営業本部長兼マーケティング担当という形で動いていました。デモも自身でこなしていました。アメリカでは分業が進んでいて営業系の人間がシステムのデモをすることはほとんどありませんが、私は積極的に実施していましたし、その後入社した営業メンバーにも伝授していきましたので、来日して顧客に同行した当時のワールドワイドの営業トップは、私のことを日本のデモの「グル」だといって驚いていたほどです。

ところで、実際の当時の事業戦略としては段階的ターゲティングを中心に進めていました。つまり、最初にコアとなるいくつかの業界のトップ企業に売り込み、その企業にレファレンスになってもらい、同業の企業群に一挙に展開する戦略です（エンタープライズ戦略と呼ぶケースもあります）。

そういう意味では、最初の１年でメガバンクのＭ銀行、大手商社のＩ社、コンピューター大手メーカーのＮ社、情報サービス大手のＲ社に契約を頂けたことはラッキーでした（もちろん、想定外の出来事の連続の上にたどり着いた執念の結果でしたが）。

と同時に、我々はスモールチームでしたので、パートナー（リセーラー、導入パートナー）を増やし、レバレッジしてビジネスを拡大する戦略を選択しました。今振り返ると、結果的にこれが非常にうまく機能したおかげでビジネスを軌道に乗せることができたと認識しています。

最後になりますが、人生は一度きりです。ですから、私は新規事業に限らず、どんどん新しいことにチャレンジしなければ人生はもったいないと本気で思っています。

もしあなたが新規事業プロジェクトに取り組むことになったら、まず喜んでください。そして究極的には「命を取られるわけじゃなし」といい意味で開き直って、覚悟を決めつつ、達成した場合の成功イメージを頭に描いて「新規事業」という新しいステージを思いっきり満喫してください。きっとすばらしい未来が待っていることを信じて。

おわりに

本書は、現在新規事業や事業改革に取り組まれている皆様、もしくは今後取り組んでみたいとお考えの皆様に向けて、実際のプロジェクトを進めていくうえで役立つよう、プロジェクトの進行ステップに合わせて、必要となる知識やフレームワークをその使い方も含めて、体系的にまとめたものです。したがって、すでに全体をお読みいただいた皆様であっても、今後必要なときに必要なステップの内容をガイドブック的に読み返していただけるよう、各トピックスを見開き完結型（左に説明文、右に図解）で編集しております。それゆえ是非、一度といわず何度でもご活用いただけることを願っております。

また今回本書を改訂するにあたり、ここ最近の世の中の変化も踏まえて新たな経営のフレームワークやテクノロジーのアップデートを盛り込み、さらに具体的なケーススタディコーナーを随所に設け、大幅なリニューアルを行いました。そのため、すでに初版をご購入いただいた皆様にも新鮮な形で本書をお読みいただけると確信しております。

さて、話は変わりますが、私自身は数年前に独立してカッティング・エッジ株式会社を設立しました。現在「新規事業開発」を中心に、事業戦略やビジネスモデルの立案支援および事業計画の作成・実行支援を様々なお客様に対してご提供しております。また、ビジネススクールにおいてはワークショップを通じて起業家の卵たちのアイデアを事業計画書という形に変換するノウハウを伝えています。「短期間に」「リーズナブルに」「効果が見える」サービスをご提供できるよう、日々「カイゼン」を考えながら研鑽を積んでおります。末筆ながら、本書の出版にあたり編集の労を取ってくださった幻冬舎メディアコンサルティングのスタッフの皆様にお礼申し上げます。

2022年５月吉日

木下雄介

参考文献

コトラー＆ケラー
『マーケティング・マネジメント第12版』ピアソン・エデュケーション（2014）
マイケル・ポーター『競争優位の戦略』ダイヤモンド社（1985）
マイケル・A・クスマノ
『ソフトウエア企業の競争戦略』ダイヤモンド社（2004）
グロービスMBA集中講義『MBA』シリーズ　ダイヤモンド社
グロービス『［実況］マーケティング教室』PHP研究所（2013）
金森 努『図解よくわかるこれからのマーケティング』同文舘出版（2016）
石井淳蔵『マーケティングの神話』岩波現代文庫（2004）
石井淳蔵、嶋口充輝『営業の本質』有斐閣（1995）
アレックス・オスターワルダー、イヴ・ピニュール
『ビジネスモデル・ジェネレーション』翔泳社（2012）
今枝昌宏『ビジネスモデルの教科書』東洋経済新報社（2014）
大前研一『「ビジネスモデル」の教科書』KADOKAWA（2016）
リンダ・グラットン、アンドリュー・スコット
『ライフ・シフト』東洋経済新報社（2016）
大前研一『テクノロジー4.0』KADOKAWA（2017）
野口悠紀雄『ブロックチェーン革命』日本経済新聞出版社（2017）
宮﨑康二『シェアリング・エコノミー』日本経済新聞出版社（2015）
ジェームス・W・ヤング『アイデアのつくり方』CCCメディアハウス（1988）
大前研一『「０から１」の発想術』小学館（2016）
アクセンチュア『CRM　顧客はそこにいる』東洋経済新報社（2001）
相原孝夫『コンピテンシー活用の実際』日経文庫（2002）
松丘啓司『人事評価はもういらない』ファーストプレス（2016）
大野順也『タレントマネジメント概論』ダイヤモンド社（2015）
平井孝志、淺羽茂『成果を生む事業計画のつくり方』日経文庫（2016）
秦 充洋『プロ直伝! 成功する事業計画書のつくり方』ナツメ社（2015）
田中道昭『経営戦略4.0図鑑』SBクリエイティブ株式会社（2020）
井上達彦『ビジュアル ビジネスモデルがわかる』日本経済新聞出版（2021）
沼上 幹、加藤俊彦『一橋MBA戦略分析ケースブック　事業創造編』
東洋経済新報社（2020）
東大ケーススタディ研究会『現役東大生が書いた 地頭を鍛えるフェルミ推定ノート』東洋経済新報社（2009）
ジャスパー・ウ『実践スタンフォード式　デザイン思考』インプレス（2019）

木下 雄介（きのした ゆうすけ）

本書についての
ご意見・ご感想
はコチラ

中小企業診断士
1986年、慶應義塾大学経済学部卒業
2002年、テキサス大学オースティン本校マコームズビジネススクール交換留学
2003年、神戸大学大学院経営学研究科博士前期課程（MBA）修了
2008年、MITスローン経営大学院 Executive MOT修了
1986年、日本アイ・ビー・エム㈱に入社。社内公募によりジョイントベンチャーを立ち上げ、IBMロゴの製品化を実現。1997年、当時、SFAのパイオニア企業であった米国シーベルシステムズ社の日本上陸に伴い、創業メンバーとして参加。西日本地区の責任者としてビジネスを立ち上げる。その後複数のベンチャー企業立ち上げを経て、2008年、タレントマネジメントのグローバルリーディングカンパニーであった米国サクセスファクターズ社（現SAP社）にスカウトされ、日本法人を設立し、代表取締役社長に就任。ゼロからビジネスを立ち上げ、日本におけるタレントマネジメントシステムの市場を切り拓く。その後、日本オラクル㈱、サービスナウジャパン㈾の事業責任者を経て、独立。現在は、自身の会社であるカッティング・エッジ㈱を設立し、中堅・ベンチャー企業に対するコンサルティングを行う傍ら、ビジネススクールにて「新規事業開発」講座等を担当し、後進の育成に努めている。

改訂新版　超図解！ 新規事業立ち上げ入門

2022年5月31日　第1刷発行
2023年1月31日　第2刷発行

著　者　木下雄介
発行人　久保田貴幸
発行元　株式会社 幻冬舎メディアコンサルティング
〒151-0051　東京都渋谷区千駄ヶ谷4-9-7
電話　03-5411-6440（編集）
発売元　株式会社 幻冬舎
〒151-0051　東京都渋谷区千駄ヶ谷4-9-7
電話　03-5411-6222（営業）
印刷・製本　中央精版印刷株式会社
装　丁　弓田和則

検印廃止

Printed in Japan　ISBN 978-4-344-93865-6 C0034
幻冬舎メディアコンサルティングHP　http://www.gentosha-mc.com/